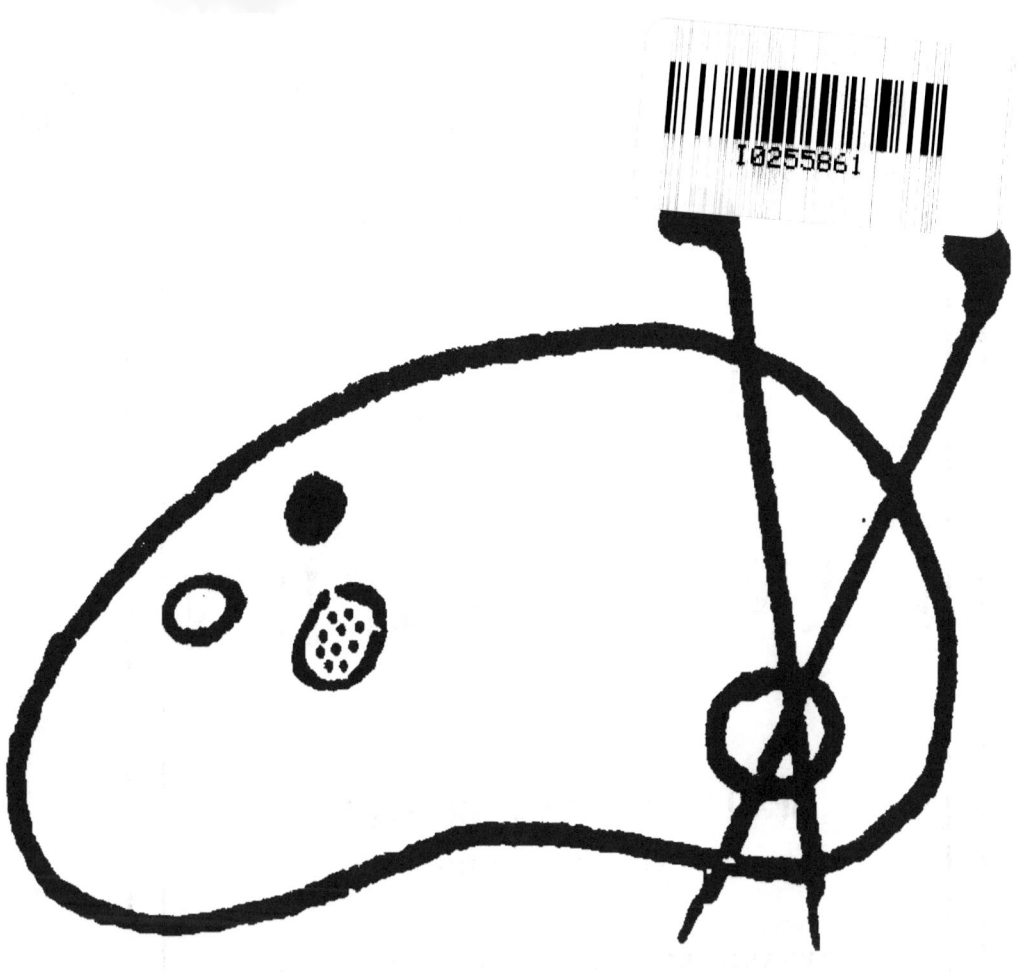

Couvertures supérieure et inférieure
en couleur

BIBLIOTHÈQUE ROSE ILLUSTRÉE

PRIX: 2.25

L'AUBERGE
DE
L'ANGE-GARDIEN

PAR

Mme LA COMTESSE DE SÉGUR

NÉE ROSTOPCHINE

OUVRAGE ILLUSTRÉ DE 75 VIGNETTES

PAR FOULQUIER

PARIS
LIBRAIRIE HACHETTE ET Cie
79, BOULEVARD SAINT-GERMAIN, 79

PRIX : 2 FRANCS 25

15190. — Imprimerie A. Lahure, rue de Fleurus, 9, à Paris.

L'AUBERGE
DE
L'ANGE-GARDIEN

OUVRAGES DE Mᵐᵉ LA COMTESSE DE SÉGUR
QUI SE TROUVENT A LA MÊME LIBRAIRIE

BIBLIOTHÈQUE ROSE ILLUSTRÉE
Format in-18 jésus, broché

Après la pluie le beau temps, avec 128 vignettes..	2 25
Comédies et proverbes, avec 60 vignettes..........	2 25
Diloy le chemineau, avec 90 vignettes............	2 25
François le Bossu, avec 114 vignettes.............	2 25
Jean qui grogne et Jean qui rit, avec 70 vignettes..	2 25
La fortune de Gaspard, avec 82 vignettes.........	2 25
La sœur de Gribouille, avec 72 vignettes.........	2 25
L'Auberge de l'Ange-Gardien, avec 75 vignettes...	2 25
Le général Dourakine, avec 108 vignettes..... ...	2 25
Les bons enfants, avec 70 vignettes.....	2 25
Les deux nigauds, avec 70 vignettes....	2 25
Les malheurs de Sophie, avec 42 vignettes	2 25
Le mauvais Génie, avec 80 vignettes.....	2 25
Les petites filles modèles, avec 21 vignettes.	2 25
Les vacances, avec 40 vignettes.......	2 25
Mémoires d'un Ane, avec 75 vignettes.............	2 25
Nouveaux contes de fées, avec 20 vignettes.	2 25
Quel amour d'enfant ! avec 74 vignettes.........	2 25
Un bon petit diable, avec 100 vignettes....	2 25
Pauvre Blaise, avec 76 vignettes.....	2 25

La reliure en percaline gaufrée rouge se paye en sus : tranches jaspées, 1 fr. ; tranches dorées, 1 fr. 25.

Format in-8, broché
La Bible d'une grand'mère, avec 30 gravures.......	10 »
Évangile d'une grand'mère, avec 30 gravures.......	10 »
Les Actes des Apôtres, avec 10 gravures...........	10 »
Évangile d'une grand'mère, édition classique, in-12, cartonné..	1 50
La santé des enfants, in-18 raisin, broché...........	» 50

L'AUBERGE
DE
L'ANGE-GARDIEN

PAR

Mme LA COMTESSE DE SÉGUR

NÉE ROSTOPCHINE

ILLUSTRÉ DE 75 VIGNETTES

PAR FOULQUIER

NOUVELLE ÉDITION

PARIS
LIBRAIRIE HACHETTE ET Cie
79, BOULEVARD SAINT-GERMAIN, 79

1888

Droits de propriété et de traduction réservés

A
MES PETITS-FILS

LOUIS ET GASTON DE MALARET

Chers enfants, vous êtes de bons petits frères, et je suis bien sûre que, si vous vous trouviez dans la triste position de Jacques et de Paul, toi, mon bon petit Louis, tu ferais comme l'excellent petit Jacques ; et toi, mon gentil petit Gaston, tu aimerais ton frère comme Paul aimait le sien. Mais j'espère que le bon Dieu vous fera la grâce de ne jamais passer par de pareilles épreuves, et que la lecture de ce livre ne réveillera jamais en vous de pénibles souvenirs

Comtesse de SÉGUR,
Née Rostopchine.

L'AUBERGE
DE L'ANGE-GARDIEN

I

A LA GARDE DE DIEU.

Il faisait froid, il faisait sombre; la pluie tombait fine et serrée; deux enfants dormaient au bord d'une grande route sous un vieux chêne touffu : un petit garçon de trois ans était étendu sur un amas de feuilles; un autre petit garçon de six ans, couché à ses pieds, les lui réchauffant de son corps; le petit avait des vêtements de laine, communs, mais chauds; ses épaules et sa poitrine étaient couvertes de la veste du garçon de six ans, qui grelottait en dormant; de temps en temps un frisson faisait trembler son corps : il n'avait pour tout vêtement qu'une chemise et un pantalon à moitié usés; sa figure exprimait la souffrance, des larmes à demi séchées se voyaient encore sur ses petites joues amaigries. Et pourtant il dormait d'un sommeil profond; sa petite main tenait une médaille suspendue à son cou par un cordon noir; l'autre main tenait celle du plus jeune enfant ; il s'était sans doute endormi en la lui réchauffant. Les deux enfants se ressemblaient, ils devaient être frères ; mais le petit avait les lèvres souriantes, les joues rebondies ; il n'avait dû souffrir ni du froid ni de la faim comme son frère aîné.

Les pauvres enfants dormaient encore quand, au lever du jour, un homme passa sur la route, accompagné d'un beau chien, de l'espèce des chiens du mont Saint-Bernard.

L'homme avait toute l'apparence d'un militaire ; il marchait en sifflant, ne regardant ni à droite ni à gauche ; le chien suivait pas à pas. En s'approchant des enfants qui dormaient sous le chêne, au bord du chemin, le chien leva le nez, dressa les oreilles, quitta son maître et s'élança vers l'arbre, sans aboyer. Il regarda les enfants, les flaira, leur lécha les mains et poussa un léger hurlement comme pour appeler son maître sans éveiller les dormeurs. L'homme s'arrêta, se retourna et appela son chien :

« Capitaine ! ici, Capitaine ! »

Capitaine resta immobile ; il poussa un second hurlement plus prolongé et plus fort.

Le voyageur, devinant qu'il fallait porter secours à quelqu'un, s'approcha de son chien et vit avec surprise ces deux enfants abandonnés. Leur immobilité lui fit craindre qu'ils ne fussent morts, mais, en se baissant vers eux, il vit qu'ils respiraient ; il toucha les mains et les joues du petit, elles n'étaient pas très-froides, celles du plus grand étaient complètement glacées ; quelques gouttes de pluie avaient pénétré à travers les feuilles de l'arbre et tombaient sur ses épaules couvertes seulement de sa chemise.

« Pauvres enfants ! dit l'homme à mi-voix ; ils vont

Le voyageur, s'approchant de son chien, vit deux enfants.
(Page 4.)

périr de froid et de faim, car je ne vois rien près d'eux, ni paquets ni provisions. Comment a-t-on laissé de pauvres petits êtres si jeunes, seuls, sur une grande route ? Que faire ? Les laisser ici, c'est vouloir leur mort. Les emmener ? J'ai loin à aller et je suis à pied : ils ne pourraient me suivre. »

Pendant que l'homme réfléchissait, le chien s'impatientait ; il commençait à aboyer ; ce bruit réveilla le frère aîné ; il ouvrit les yeux, regarda le voyageur d'un air étonné et suppliant, puis le chien qu'il caressa en lui disant :

« Oh ! tais-toi, tais-toi, je t'en prie ; ne fais pas de bruit, n'éveille pas le pauvre Paul qui dort et qui ne souffre pas. Je l'ai bien couvert, tu vois ; il a bien chaud.

— Et toi, mon pauvre petit, dit l'homme, tu as bien froid !

L'ENFANT.

Moi, ça ne fait rien ; je suis grand, je suis fort ; mais lui, il est petit ; il pleure quand il a froid, quand il a faim.

L'HOMME.

Pourquoi êtes-vous seuls ici tous les deux ?

L'ENFANT.

Parce que maman est morte et papa a été pris par les gendarmes, et nous n'avons plus de maison et nous sommes tout seuls.

L'HOMME.

Pourquoi les gendarmes ont-ils emmené ton papa ?

L'ENFANT.

Je ne sais pas ; peut-être pour lui donner du pain ; il n'en avait plus.

L'HOMME.

Qui vous donne à manger ?

L'ENFANT.

Ceux qui veulent bien.

L'HOMME.

Vous en donne-t-on assez ?

L'ENFANT.

Quelquefois, pas toujours ; mais Paul en a toujours assez.

L'HOMME.

Et toi, tu ne manges donc pas tous les jours ?

L'ENFANT.

Oh ! moi, ça ne fait rien, puisque je suis grand. »

L'homme était bon ; il se sentit très-ému de ce dévouement fraternel et se décida à emmener les enfants avec lui jusqu'au village voisin.

« Je trouverai, se dit-il, quelque bonne âme qui les prendra à sa charge, et quand je reviendrai, nous verrons ce qu'on pourra en faire ; le père sera peut-être de retour.

L'HOMME.

Comment t'appelles-tu, mon pauvre petit ?

L'ENFANT.

Je m'appelle Jacques, et mon frère, c'est Paul.

L'HOMME.

Eh bien, mon petit Jacques, veux-tu que je t'emmène ? J'aurai soin de toi.

L'ENFANT.

Et Paul ?

L'HOMME.

Paul aussi ; je ne voudrais pas le séparer d'un si bon frère. Réveille-le et partons.

JACQUES.

Mais Paul est fatigué ; il ne pourra pas marcher aussi vite que vous.

L'HOMME.

Je le mettrai sur le dos de Capitaine; tu vas voir. »

Le voyageur souleva doucement le petit Paul toujours endormi, le plaça à cheval sur le dos du chien en appuyant sa tête sur le cou de Capitaine. Ensuite, il ôta sa blouse, qui couvrait sa veste militaire, en enveloppa le petit comme d'une couverture, et, pour l'empêcher de tomber, noua les manches sous le ventre du chien.

« Tiens, voilà ta veste, dit-il à Jacques en la lui rendant; remets-la sur tes pauvres épaules glacées, et partons. »

Jacques se leva, chancela et retomba à terre; de grosses larmes roulèrent de ses yeux; il se sentait faible et glacé, et il comprit que lui non plus ne pourrait pas marcher.

L'HOMME.

Qu'as-tu donc, mon pauvre petit ? Pourquoi pleures-tu ?

JACQUES.

C'est que je ne peux plus marcher; je n'ai plus de forces.

L'HOMME.

Est-ce que tu te sens malade ?

JACQUES.

Non, mais j'ai trop faim; je n'ai pas mangé hier; je n'avais plus qu'un morceau de pain pour Paul. »

L'homme sentit aussi ses yeux se mouiller : il tira de son bissac un bon morceau de pain, du fromage et une gourde de cidre, et présenta à Jacques le pain et le fromage pendant qu'il débouchait la gourde.

Les yeux de Jacques brillèrent: il allait porter le pain à sa bouche quand un regard jeté sur son frère l'arrêta :

« Et Paul ? dit-il, il n'a rien pour déjeuner ; je vais garder cela pour lui.

— J'en ai encore pour Paul, mon petit ; mange, pauvre enfant, mange sans crainte. »

Jacques ne se le fit pas dire deux fois ; il mangea et but avec délices en répétant dix fois :

Il mangea et but avec délices.

« Merci, mon bon monsieur : merci... Vous êtes très-bon. Je prierai la sainte Vierge de vous faire très-heureux. »

Quand il fut rassasié, il sentit revenir ses forces et il dit qu'il était prêt à marcher. Capitaine restait immobile près de Jacques : la chaleur de son corps réchauffait le petit Paul, qui dormait plus profondément que jamais. L'homme prit la main de Jacques, et ils se mirent en route suivis de Capitaine, qui marchait posément sans se permettre le moindre bond, ni aucun changement dans son pas régulier, de peur d'éveiller l'enfant. L'homme questionnait Jacques tout en marchant ; il apprit de lui que sa mère était morte après avoir été longtemps malade, qu'on avait vendu tous leurs beaux habits et leurs jolis meubles ; qu'à la fin ils ne mangeaient plus que du pain, que leur papa était toujours triste et cherchait de l'ouvrage.

« Un jour, dit-il, les gendarmes sont venus chercher papa ; il ne voulait pas aller avec eux ; il disait toujours en nous embrassant : « Mes pauvres enfants ! mes pauvres enfants ! » Les gendarmes disaient : « Il faut venir tout de même, mon garçon ; nous avons des ordres. » Puis un gendarme m'a donné un morceau de pain et m'a dit : « Reste là avec ton frère, petit ; je reviendrai vous prendre. » J'ai donné du pain à Paul, et j'ai attendu un bout de temps ; mais personne n'est venu ; alors j'ai pris Paul par la main et nous avons marché longtemps. J'ai vu une maison où on mangeait, j'ai demandé de la soupe pour Paul ; on nous a fait asseoir à table, et on a donné une grande assiette de soupe à Paul, et à moi aussi ; puis on nous a fait coucher sur de la paille. Quand nous avons été éveillés, on nous a donné du lait et du pain ; puis on nous a mis du pain dans nos poches, et on m'a dit : « Va, mon petit, à la garde de Dieu. » Je suis parti avec Paul, et nous avons marché comme cela pendant bien des jours. Hier la pluie est venue, je n'ai pas trouvé de maison, j'ai donné à Paul le pain que j'avais gardé. Je lui ai ramassé des feuilles sous le chêne ; il pleurait parce qu'il avait froid ; alors j'ai pensé que maman m'avait dit : « Prie la sainte Vierge, elle ne t'abandonnera pas. » J'ai prié la sainte Vierge ; elle m'a donné l'idée d'ôter ma veste pour couvrir les épaules de Paul, puis de me coucher sur ses jambes pour les réchauffer. Et tout de suite il s'est endormi. J'étais bien content ; je n'osais pas bouger pour ne pas l'éveiller ; et j'ai remercié la bonne sainte Vierge ; je lui ai demandé de me donner à déjeuner demain parce que j'avais très-faim et je n'avais plus rien pour Paul ; j'ai pleuré, et puis je me suis endormi aussi ; et la sainte Vierge vous a amené sous le chêne. Elle est très-bonne, la sainte Vierge. Maman me l'avait dit bien souvent : Quand vous aurez besoin de quelque chose, demandez-le à la sainte Vierge ; vous verrez comme elle vous écoutera. »

L'homme ne répondit pas ; il serra la main du petit Jacques plus fortement dans la sienne, et ils continuèrent à marcher en silence. Au bout de quelque temps, l'homme s'aperçut que la marche de Jacques se ralentissait.

« Tu es fatigué, mon enfant ? lui dit-il avec bonté.

— Oh ! je peux encore aller. Je me reposerai au village. »

L'homme enleva Jacques et le mit sur ses épaules

« Nous irons plus vite ainsi, dit-il.

JACQUES.

Mais je suis lourd ; vous allez vous fatiguer, mon bon monsieur.

L'HOMME.

Non, mon petit, ne te tourmente pas. J'ai porté plus lourd que toi, quand j'étais soldat et en campagne.

JACQUES.

Vous avez été soldat ; mais pas gendarme ?

L'HOMME, *souriant*.

Non, pas gendarme ; je rentre au pays après avoir fait mon temps.

J'ai prié la sainte Vierge. (Page 11.)

JACQUES.

Comment vous appelez-vous ?

L'HOMME.

Je m'appelle Moutier.

JACQUES.

Je n'oublierai jamais votre nom, monsieur Moutier.

MOUTIER.

Je n'oublierai pas non plus le tien, mon petit Jacques ; tu es un brave enfant, un bon frère. »

Depuis que Jacques était sur les épaules de Moutier, celui-ci marchait beaucoup plus vite. Ils ne tardèrent pas à arriver dans un village à l'entrée duquel il aperçut une bonne auberge. Moutier s'arrêta à la porte.

« Y a-t-il du logement pour moi, pour ces mioches et pour mon chien ? demanda-t-il.

— Je loge les hommes, mais pas les bêtes, répondit l'aubergiste.

— Alors vous n'aurez ni l'homme ni sa suite, » dit Moutier en continuant sa route.

L'aubergiste le regarda s'éloigner avec dépit ; il pensa qu'il avait eu tort de renvoyer un homme qui semblait tenir à son chien et à ses enfants, et qui aurait peut-être bien payé.

« Monsieur ! Hé ! monsieur le voyageur ! cria-t-il en courant après lui.

— Que me voulez-vous ? dit Moutier en se retournant.

L'AUBERGISTE.

J'ai du logement, Monsieur, j'ai tout ce qu'il vous faut.

MOUTIER.

Gardez-le pour vous, mon bonhomme, le premier mot, c'est tout pour moi.

L'AUBERGISTE.

Vous ne trouverez pas une meilleure auberge dans tout le village, Monsieur.

MOUTIER.

Tant mieux pour ceux que vous logerez.

L'AUBERGISTE.

Vous n'allez pas me faire l'affront de me refuser le logement que je vous offre.

MOUTIER.

Vous m'avez bien fait l'affront de me refuser celui que je vous demandais.

L'AUBERGISTE.

Mon Dieu, c'est que je ne vous avais pas regardé; j'ai parlé trop vite.

MOUTIER.

Et moi aussi je ne vous avais pas regardé ; maintenant que je vous vois, je vous remercie d'avoir parlé trop vite, et je vais ailleurs. »

Moutier, lui tournant le dos, se dirigea vers une autre auberge de modeste apparence qui se trouvait à l'extrémité du village, laissant le premier aubergiste pâle de colère, et fort contrarié d'avoir manqué une occasion de gagner de l'argent.

II

L'ANGE-GARDIEN.

« Y a-t-il du logement pour moi, pour deux mioches et pour mon chien ? recommença Moutier à la porte de l'auberge.

— Entrez, Monsieur, il y a de quoi loger tout le monde, » répondit une voix enjouée.

Et une femme à la mine fraîche et souriante parut sur le seuil de la porte.

« Entrez, Monsieur, que je vous débarrasse de votre cavalier, dit la femme en riant et en enlevant doucement le petit Jacques de dessus les épaules du voyageur. Et ce pauvre petit qui dort tranquillement sur le dos du chien ! Un joli enfant et un brave animal ! il ne bouge pas plus qu'un chien de plomb, de peur d'éveiller l'enfant. »

Pourtant le bruit réveilla enfin le petit Paul ; il ouvrit de grands yeux, regarda autour de lui d'un air étonné, et, n'apercevant pas son frère, il fit une moue comme pour pleurer et appela d'une voix tremblante :

« Jacques ! veux Jacques !

JACQUES.

Je suis ici ; me voilà, mon Paul. Nous sommes très-heureux ! Vois-tu ce bon monsieur? il nous a amenés ici; tu vas avoir de la soupe. N'est-ce pas, monsieur Moutier, que vous voudrez bien donner de la soupe à Paul ?

MOUTIER.

Certainement, mon garçon; de la soupe et tout ce que tu voudras. »

La maîtresse d'auberge regardait et écoutait d'un air étonné.

MOUTIER.

Vous n'y comprenez rien, ma bonne dame, n'est-il pas vrai ? C'est toute une histoire que je vous raconterai. J'ai trouvé ces deux pauvres petits perdus dans un bois, et je les ai amenés. Ce petit-là, ajouta-t-il en passant affectueusement la main sur la tête de Jacques, ce petit-là est un bon et brave enfant; je vous raconterai cela. Mais donnez-nous vite de la soupe pour les petits, qui ont l'estomac creux, quelque fricot pour tous, et je me charge du chien; un vieil ami, n'est-ce pas, Capitaine ?

Capitaine répondit en remuant la queue et en léchant la main de son maître. Moutier avait débarrassé Paul de la blouse qui l'enveloppait et il l'avait posé à terre. Paul regardait tout et tout le monde; il riait à Jacques, souriait à Moutier et embrassait Capitaine. L'hôtesse, qui avait de la soupe au feu, apprêtait le déjeuner; tout fut bientôt prêt; elle assit les enfants sur des chaises, plaça devant chacun d'eux une bonne assiette de soupe, un morceau de pain, posa sur la table du fromage, du beurre frais, des radis, de la salade.

« C'est pour attendre le fricot, Monsieur; le fromage est bon, le beurre n'est pas mauvais, les radis sont tout frais tirés de terre, et la salade est bien retournée. »

Moutier se mit à table; Jacques et Paul, qui mou-

Entrez, Monsieur, il y a de quoi loger tout le monde. (Page 17.)

raient de faim, se jetèrent sur la soupe; Jacques eut soin d'en faire manger à Paul quelques cuillerées avant que d'y goûter lui-même. Paul mangea tout seul ensuite et le bon petit Jacques put satisfaire son appétit. Après la soupe il mangea et donna à Paul du pain et du beurre; ils burent du cidre; puis vint un haricot de mouton aux pommes de terre. La bonne et jolie

Il embrassait Capitaine. (Page 18.)

figure de Jacques était radieuse; Paul riait, baisait les mains de Jacques toutes les fois qu'il pouvait les attraper. Jacques avait de son frère les soins les plus touchants; jamais il ne l'oubliait; lui-même ne passait qu'en second. Moutier ne les quittait pas des yeux. Lui aussi riait et se trouvait heureux.

« Pauvres petits! pensait-il, que seraient-ils devenus, si Capitaine ne les avait pas dénichés? Ce petit Jacques a bon cœur! quelle tendresse pour son frère! quels soins il lui donne! Que faire, mon Dieu! que faire de ces enfants? »

L'hôtesse aussi examinait avec attention les soins de Jacques pour son frère, et la belle et honnête physionomie de Moutier. Elle attendait avec impatience l'explication que lui avait promise ce dernier et lui servait les meilleurs morceaux, son meilleur cidre et sa plus vieille eau-de-vie.

Moutier mangeait encore; les enfants avaient fini; ils s'étaient renversés contre le dossier de leurs chaises et commençaient à bâiller.

« Allez jouer, mioches, leur dit Moutier.

— Où faut-il aller, monsieur Moutier? demanda Jacques en sautant en bas de sa chaise et en aidant Paul à descendre de la sienne.

MOUTIER.

Ma foi, je n'en sais rien. Dites donc, ma bonne hôtesse, où allez-vous caser les petits pour qu'ils s'amusent sans rien déranger?

— Par ici, au jardin, mes enfants, dit l'hôtesse en ouvrant une porte de derrière. Voici au bout de l'allée un baquet plein d'eau et un pot à côté, vous pourrez vous amuser à arroser les légumes et les fleurs.

JACQUES.

Puis-je me servir de l'eau qui est dans le baquet pour laver Paul et me laver aussi, Madame?

L'HÔTESSE.

Certainement, mon petit garçon; mais prends garde de te mouiller les jambes. »

Jacques et Paul disparurent dans le jardin; on les entendait rire et jacasser. Moutier mangeait lentement et réfléchissait. L'hôtesse avait pris une chaise et s'était placée en face de lui, attendant qu'il eût fini pour enlever le couvert. Quand Moutier eut avalé sa dernière goutte de café et d'eau-de-vie, il leva les yeux, vit l'hôtesse, sourit, et, s'accoudant sur la table :

« Vous attendez l'histoire que je vous ai promise, dit-il ; la voici : elle n'est pas longue, et vous m'aiderez peut-être à la finir. »

Il lui fit le récit de sa rencontre avec les enfants ; sa voix tremblait d'émotion en redisant les paroles de Jacques et en racontant les soins qu'il avait eus de son petit frère, son dévouement, sa tendresse pour lui, le courage qu'il avait déployé dans leur abandon et sa touchante confiance en la sainte Vierge.

« Et à présent que vous en savez aussi long que moi, ma bonne dame, aidez-moi à sortir d'embarras. Que puis-je faire de ces enfants ? Les abandonner ? Je n'en ai pas le courage ; ce serait rejeter une charge que je puis porter, au total, et refuser le présent que me fait le bon Dieu. Mais j'ai une longue route à faire : je quitte mon régiment et je rentre au pays. C'est que je n'y suis pas encore ; j'ai à faire quatre étapes de sept à huit lieues. Et comment traîner ces enfants si jeunes, par la pluie, la boue, le vent ? Et puis, je suis garçon ; je ne suis pas chez moi ; personne pour les garder. Mon frère est aubergiste, comme vous, et n'a que faire de moi ; mon père et ma mère sont depuis longtemps près du bon Dieu ; mes sœurs sont mariées et elles ont assez des leurs, sans y ajouter des pauvres petits sans père ni mère, et sans argent. Voyons, ma bonne hôtesse ! vous m'avez l'air d'une brave femme.... Dites... Que feriez-vous à ma place ?

L'HÔTESSE.

Ce que ferais ?... ce que je ferais ?... Parole d'honneur, je n'en sais rien.

MOUTIER.

Mais ce n'est pas un conseil, cela? Ça ne décide rien.

L'HÔTESSE.

Que voulez-vous que je vous dise?... D'abord, je ne les laisserais certainement pas vaguer à l'aventure.

MOUTIER.

C'est bien ce que je me suis dit.

L'HÔTESSE.

Je ne les donnerais pas au premier venu

MOUTIER.

C'est bien mon idée.

L'HÔTESSE.

Je ne les emmènerais pas à pied si loin.

MOUTIER.

C'est ce que je disais.

L'HÔTESSE.

Alors... je ne vois qu'un moyen..... Mais vous ne voudrez pas.

MOUTIER.

Peut-être que si. Dites toujours.

L'HÔTESSE.

C'est de me les laisser. »

Moutier regarda l'hôtesse avec une surprise qui lui fit baisser les yeux et qui la fit rougir comme si elle avait dit une sottise.

« Je savais bien, dit-elle avec embarras, que vous ne voudriez pas. Vous ne me connaissez pas. Vous vous dites que je ne suis peut-être pas la bonne femme que je parais, que je rendrais les enfants malheureux ; que vous les auriez sur la conscience, et que sais-je encore?

MOUTIER.

Non, ma bonne hôtesse, je ne dirais ni ne penserais rien de tout cela. Seulement.... seulement.... je ne sais comment dire...... je vous suis obligé, reconnaissant... mais vrai, je ne vous connais pas beaucoup... et... et...

L'HÔTESSE.

Vous pouvez bien dire que vous ne me connaissez pas du tout; mais vous n'en pourrez pas dire autant, si vous voulez aller prendre des informations sur la femme BLIDOT, aubergiste de l'ANGE-GARDIEN. Allez chez M. le curé, chez le boucher, le charron, le maréchal, le maître d'école, le boulanger, l'épicier, et bien d'autres encore : ils vous diront tous que je ne suis pas une méchante femme. Je suis veuve; j'ai vingt-six ans; je n'ai pas d'enfants, je suis seule avec ma sœur qui a dix-sept ans; nous gagnons notre vie sans trop de mal; nous ne manquons de rien ; nous faisons même de petites économies que nous plaçons tous les ans; il me manque des enfants; en voilà deux tout trouvés. Je ne vous demande rien, moi, pour les garder; je n'en fais pas une affaire. Seulement, je sais que je les aimerais, que je ne les rendrais point malheureux et que vous aurez la conscience tranquille à leur égard. »

Moutier se leva, serra les mains à l'hôtesse dans les siennes et la regarda avec une affectueuse reconnaissance.

« Merci, dit-il d'un accent pénétré. Où demeure votre curé?

— Ici, en face; voici le jardin du presbytère; poussez la porte et vous y êtes. »

Moutier prit son képi et alla voir le curé pour lui parler de madame Blidot et lui demander un bon conseil. Il faut croire que les renseignements ne furent pas mauvais, car Moutier revint un quart d'heure après, l'air calme et joyeux.

« Vous aurez les petits, mon excellente hôtesse, dit-il en souriant. Je vous les laisserai... demain ; vous voudrez bien me loger jusqu'à demain ? Pas vrai ?

L'HÔTESSE.

Tant que vous voudrez, mon cher monsieur ; c'est juste ; je comprends que vous vouliez vous donner un peu de temps pour savoir comment je suis et pour voir installer mes enfants.... car je puis bien dire à présent mes enfants, n'est-ce pas ?

MOUTIER.

Ils restent bien un peu à moi aussi, sans reproche ; et je ne dis pas que je ne reviendrai pas les voir un jour ou l'autre.

L'HÔTESSE.

Quand vous voudrez ; j'aurai toujours un lit pour vous coucher et un bon dîner pour vous refaire. Et, à présent, je vais voir à *mes* enfants ; ne voilà-t-il pas les soins maternels qui commencent ? D'abord il me faut les coucher pas loin de moi et de ma sœur. Et puis, il leur faudra du linge, des vêtements, des chaussures.

MOUTIER.

C'est pourtant vrai ! Je n'y songeais pas. C'est moi qui suis honteux de vous causer ces embarras et cette dépense ; ça, voyez-vous, ma bonne hôtesse, inutile de m'en cacher ; je n'ai pas de quoi payer tout cela ; j'ai tout juste mes frais de route et une pièce de dix francs pour l'imprévu : un cigare, un raccommodage de souliers, une petite charité en passant, à plus pauvre que moi. Par exemple, je peux partager la pièce, et vous laisser cinq francs. J'arriverai tout de même ; je me passerai bien de tabac et de souliers. Il y en a tant qui marchent nu-pieds ! on se les baigne en passant devant un ruisseau, et on n'en marche que mieux.

L'HÔTESSE.

Gardez votre pièce, mon bon monsieur ; je n'en suis pas à cinq francs près. Gardez-la ; votre bonne intention suffit, et les enfants ne manqueront de rien. »

L'hôtesse se leva, fit en souriant un signe de tête amical à Moutier et sortit.

III

INFORMATIONS.

Madame Blidot appela sa sœur Elfy, qui lavait la lessive, lui raconta l'aventure qui venait d'arriver et la pria de venir l'aider à préparer, pour les enfants, le cabinet près de la chambre où elles couchaient toutes deux.

« C'est le bon Dieu qui nous envoie ces enfants, dit Elfy; la seule chose qui manquait pour animer notre intérieur ! Sont-ils gentils? ont-ils l'air de bons garçons, d'enfants bien élevés?

MADAME BLIDOT.

S'ils sont gentils, bons garçons, bien élevés? Je le crois bien ! Il n'y qu'à les voir ! Jolis comme des Amours, polis comme des demoiselles, tranquilles commes des curés. Va, ils ne seront pas difficiles à élever; pas comme ceux du père Penard, en face!

ELFY.

Bon! Où sont-ils, que je jette un coup d'œil dessus. On aime toujours mieux voir par ses yeux, tu sais bien. Sont-ils dans la salle?

MADAME BLIDOT.

Non, je les ai envoyés au jardin. »

Mme Blidot appela sa sœur, qui lavait la lessive. (Page 28.)

Elfy courut au jardin; elle y trouva Jacques occupé à arracher les mauvaises herbes d'une planche de carottes; Paul ramassait soigneusement ces herbes et cherchait à en faire de petits fagots.

Au bruit que fit Elfy, les enfants tournèrent la tête et montrèrent leurs jolis visages doux et riants. Jacques, voyant qu'Elfy les regardait sans mot dire, se releva et la regarda aussi d'un air inquiet.

JACQUES.

Ce n'est pas mal, n'est-ce pas, Madame, ce que nous faisons, Paul et moi? Vous n'êtes pas fâchée contre nous? Ce n'est pas la faute de Paul; c'est moi qui lui ai dit de s'amuser à botteler l'herbe que j'arrache.

ELFY.

Pas de mal, pas de mal du tout, mon petit; je ne suis pas fâchée; bien au contraire, je suis très-contente que tu débarrasses le jardin des mauvaises herbes qui étouffent nos légumes.

PAUL.

C'est donc à vous ça?

ELFY.

Oui, c'est à moi.

PAUL.

Non, moi crois pas; c'est pas à vous; c'est à la dame de la cuisine qui donne du bon fricot; moi veux pas qu'on lui prenne son jardin?

ELFY.

Ha, ha, ha! est-il drôle, ce petit! Et comment m'empêcherais-tu de prendre les légumes du jardin?

PAUL.

Moi prendrais un gros bâton, puis moi dirais à Jacques de m'aider à chasser vous, et voilà!

Elfy se précipita sur Paul, le saisit, l'enleva, l'embrassa trois ou quatre fois, et le remit à terre avant qu'il fût revenu de sa surprise et avant que Jacques eût eu le temps de faire un mouvement pour secourir son frère.

« Je suis la sœur de la dame au bon fricot, s'écria

Elle saisit Paul, l'enleva et l'embrassa.

Elfy en riant, et je demeure avec elle : c'est pour cela que son jardin est aussi le mien.

— Tant mieux! s'écria Jacques. Vous avez l'air aussi

bon que la dame; je voudrais bien que M. Moutier, qui est si bon, restât toujours ici.

ELFY.

Il ne peut pas rester; mais il vous laissera chez nous, et nous vous soignerons bien, et nous vous aimerons bien si vous êtes sages et bons. »

Jacques ne répondit pas : il baissa la tête, devint très-rouge, et deux larmes roulèrent le long de ses pauvres petites joues.

ELFY.

Pourquoi pleures-tu, mon petit Jacques? Est-ce que tu es fâché de rester avec ma sœur et avec moi?

JACQUES.

Oh non! au contraire! Mais je suis fâché que M. Moutier s'en aille; il a été si bon pour Paul et pour moi!

ELFY.

Il reviendra, sois tranquille; et puis il ne va pas partir aujourd'hui : tu vas le voir tout à l'heure. »

Le petit Jacques essuya ses yeux du revers de sa main, reprit son air animé et son travail interrompu par Elfy. Capitaine, qui faisait la visite de l'appartement, trouvant la porte du jardin ouverte, entra et s'approcha de Paul, assis au milieu de ses paquets d'herbes. Capitaine piétinait les herbes, les dérangeait; Paul cherchait vainement à le repousser, le chien était plus fort que l'enfant.

« Jacques, Jacques, s'écria Paul, fais va-t'en le chien! il écrase mes bottes de foin. »

Jacques accourut au secours de Paul, au moment où Capitaine, le poussant amicalement avec son museau, le faisait rouler par terre. Jacques entoura de ses bras le cou du chien et le tira en arrière de toutes ses forces : mais Capitaine ne recula pas.

« Je t'en prie, mon bon chien, va-t'en. Je t'en prie, laisse mon pauvre Paul jouer tranquillement, tu vois bien que tu le déranges, que tu es plus fort que lui, qu'il ne peut pas t'empêcher... ni moi non plus, » ajouta-t-il découragé en cessant ses efforts pour faire partir le chien.

Capitaine se retourna vers Jacques, et, comme s'il eût compris ses paroles, il lui lécha les mains, donna

Va-t'en, mon bon chien.

un coup de langue sur le visage de Paul, les regarda avec amitié et s'en alla lentement comme il était venu ; il retourna près de son maître.

Moutier était resté, après le départ de l'hôtesse, les coudes sur la table, la tête appuyée sur ses mains : il réfléchissait.

« Je crains, se disait-il, d'avoir été trop prompt, d'avoir trop légèrement donné ces enfants à la bonne hôtesse.... Car, enfin, elle a raison ! je ne la connais guère !.... et même pas du tout... le curé m'en a dit du bien, c'est vrai ; mais un bon curé (car il a l'air d'un brave homme, d'un bon homme, d'un saint homme !), un bon curé, c'est toujours trop bon ; ça dit du bien de tout le monde; ça croirait pécher en disant du mal... et pourtant.... il parlait avec une chaleur, un air persuadé!... il savait que ces deux pauvres petits orphelins seraient à la merci de cette hôtesse, madame Bli...., Blicot, Blindot... Je ne sais plus son nom.... J'y suis; Blidot!... C'est ça !... Blidot et sa sœur... Pardi, je veux en avoir le cœur net et m'assurer de ce qu'elle est. J'ai le temps d'ici au dîner, et je vais aller de maison en maison pour compléter mes observations sur madame Blidot. Ces pauvres petits, ils sont si gentils ! et Jacques est si bon! Ce serait une méchante action que de les placer chez de mauvaises gens, faire leur malheur! Non, non, je ne veux pas en avoir la conscience chargée. »

Et Moutier, laissant son petit sac de voyage sur la table, sortit après avoir appelé Capitaine. Il alla d'abord dans la maison à côté, chez le boucher.

« Faites excuse, Monsieur, dit-il en entrant; je viens pour une chose... pour une affaire... c'est-à-dire pas une affaire... mais pour quelque chose comme une affaire... qui n'en est pas une pour vous.... ni pour moi non plus, à vrai dire.... »

Le boucher regardait Moutier d'un air étonné, moitié souriant, moitié inquiet.

« Quoi donc? qu'est-ce donc? dit-il enfin.

MOUTIER.

Voilà! C'est que je voudrais avoir votre avis sur madame Blidot, aubergiste ici à côté.

LE BOUCHER.

Pourquoi? Avis sur quoi?

MOUTIER.

Mais sur tout. J'ai besoin de savoir quelle femme

c'est. Si on peut lui confier des enfants à garder. Si c'est une brave femme, une bonne femme, une femme à rendre des enfants heureux?

LE BOUCHER.

Quant à ça, mon bon monsieur, il n'y a pas de meilleure femme au monde : toujours de bonne humeur, toujours riant, polie, aimable, douce, travailleuse, charitable; tout le monde l'aime par ici : chacun en pense du bien; elle ne manque pas à un office, elle rend service à tous ceux qui en demandent. Elle et sa sœur, ce sont les perles du pays. Demandez à M. le curé ; il vous en dira long sur elles; et tout bon, car il les connaît depuis leur naissance et il n'a jamais eu un reproche à leur faire.

MOUTIER.

Ça suffit. Grand merci, Monsieur, et pardon de l'indiscrétion.

LE BOUCHER.

Pas d'indiscrétion. C'est un plaisir pour moi que de rendre un bon témoignage à madame Blidot. »

Moutier salua, sortit, et alla à deux portes plus loin, chez le boulanger.

« Ce n'est pas du pain qu'il me faut, Monsieur, dit-il au boulanger qui lui offrait un pain de deux livres; c'est un renseignement que je viens chercher. Votre idée sur madame Blidot, aubergiste ici près, pour lui confier des enfants à élever?

LE BOULANGER.

Confiez-lui tout ce que vous voudrez, brave militaire (car je vois à votre habit que vous êtes militaire); vos enfants ne sauraient être en de meilleures mains; c'est une bonne femme, une brave femme, et sa sœur la vaut bien; il n'y a pas de meilleures créatures à dix lieues à la ronde.

MOUTIER.

Merci mille fois; c'est tout ce que je voulais savoir. Bien le bonjour. »

Et Moutier, satisfait des renseignements qu'on lui avait donnés, allait retourner chez madame Blidot, quand l'idée lui vint d'entrer encore chez l'aubergiste qui tenait la belle auberge à l'entrée du village.

« Encore celui-là, pensa-t-il : ce sera le dernier; et

Confiez-lui tout ce que vous voudrez.

si cet homme ne m'en dit pas de mal, je pourrai être tranquille, car il me semble méchant et son témoignage ne pourra pas me laisser de doute sur le bonheur de mes mioches. »

L'aubergiste était à sa porte; il vit venir Moutier et le reconnut au premier coup d'œil. D'abord, il fronça ses gros sourcils ; puis, le voyant approcher, il pensa qu'il revenait lui demander à dîner et il prit son air le plus gracieux.

« Entrez, Monsieur ; donnez-vous la peine d'entrer ; je suis tout à votre service. »

Moutier toucha son képi, entra et eut quelque peine à calmer Capitaine, qui tournait autour de l'aubergiste en le flairant, en grognant et en laissant voir des dents aiguës prêtes à mordre et à déchirer.

« Ah! ah! se dit Moutier, Capitaine n'y met pas beaucoup de douceur ni de politesse : il y a quelque chose là-dessous ; l'homme est mauvais, mon chien a du flair. »

L'aubergiste, inquiet de l'attitude de Capitaine, tournait, changeait de place et lui lançait des regards furieux, auxquels Capitaine répondait par un redoublement de grognements.

Moutier parvint pourtant à le faire taire et à le faire coucher près de sa chaise ; il fixa sur l'aubergiste des yeux perçants et lui demanda sans autre préambule s'il connaissait madame Blidot.

« Pour ça non, répondit l'aubergiste d'un air dédaigneux ; je ne fais pas société avec des gens de cette espèce.

— Elle est donc de la mauvaise espèce?

— Une femme de rien ; elle et sa sœur sont des pies-grièches dont on ne peut pas obtenir une parole ; des sottes qui se croient au-dessus de tous, qui ne vont jamais à la danse ni aux fêtes des environs ; des orgueilleuses qui restent chez elles ou qui vont se promener sur la route avec des airs de princesse. Il semblerait qu'on n'est pas digne de les aborder, elles crèveraient plutôt que de vous adresser une bonne parole ou un sourire. Des péronnelles qui gâtent le métier, qui vendent cinq sous ce que je donne pour dix ou quinze. Aussi, en a-t-on pour son argent; mauvais coucher, mauvais cidre, mauvaise nourriture. Je vous ai bien vu entrer; vous n'y êtes pas resté : vous avez bien fait; chez moi, vous trouverez de la différence. Je vais vous servir un dîner soigné : vous n'en trouverez nulle part un pareil. »

Il se retourna comme pour chercher quelqu'un et appela d'une voix tonnante :

« Torchonnet! Où es-tu fourré, mauvais polisson, animal, fainéant?

Je suis tout à votre service. (Page 38.)

— Voici, Monsieur, répondit d'une voix étouffée par la peur un pauvre petit être, maigre, pâle, demi-vêtu de haillons, qui sortit de derrière une porte et qui, se redressant promptement, resta demi-incliné devant son terrible maître.

« Pourquoi es-tu ici? pourquoi n'es-tu pas à la cuisine? Comment oses-tu venir écouter ce qu'on dit? Réponds, petit drôle! réponds, animal! »

Chaque *réponds* était accompagné d'un coup de pied qui faisait pousser à l'enfant un cri aigu; il voulut parler, mais ses dents claquaient, et il ne put articuler une parole.

« A la cuisine, et demande à ma femme un bon dîner pour monsieur; et vite, sans quoi?.... »

Il fit un geste dont l'enfant n'attendit pas la fin et courut exécuter les ordres du maître, aussi vite que le lui permettaient ses petites jambes et son état de faiblesse.

Moutier écoutait et regardait avec indignation.

« Assez, dit-il en se levant; je ne veux pas de votre dîner; ce n'est pas pour m'établir chez vous que je suis venu, mais pour avoir des renseignements sur madame Blidot. Ceux que vous m'avez donnés me suffisent; je la tiens pour la meilleure et la plus honnête femme du pays, et c'est à elle que je confierai le trésor que je cherchais à placer. »

L'aubergiste gonflait de colère à mesure que Moutier parlait; mais lorsqu'il entendit le mot de *trésor*, sa physionomie changea; son visage de fouine prit une apparence gracieuse et il voulut arrêter Moutier en lui prenant les bras. Au mouvement de dégoût que fit Moutier en se dégageant de cette étreinte, Capitaine s'élança sur l'aubergiste, lui fit une morsure à la main, une autre à la jambe, et allait lui sauter à la figure, quand Moutier le saisit par son collier et l'entraîna au loin. L'aubergiste montra le poing à Moutier et rentra précipitamment chez lui pour faire panser les morsures du vaillant Capitaine. Moutier gronda un peu son pauvre chien de sa vivacité, et le ramena à l'*Ange-Gardien.*

IV

TORCHONNET.

Il n'y avait personne dans la salle quand Moutier rentra. Il fit l'inspection de l'appartement et alla au jardin, dont la porte était ouverte; après avoir examiné les fleurs et les légumes, il arriva à un berceau de lierre et y entra; un banc garnissait le tour du berceau; une table rustique était couverte de livres, d'ouvrages de lingerie commune; il regarda les livres : *Imitation de Jésus-Christ, Nouveau Testament, Parfait Cuisinier, Manuel des ménagères, Mémoires d'un troupier.*

Moutier sourit :

« A la bonne heure! voilà des livres que j'aime à voir chez une bonne femme de ménage! Ça donne confiance de voir un choix pareil. Ces manuels, c'est bon; si je n'avais pas eu mon *Manuel du soldat* pendant mes campagnes, je n'aurais jamais pu supporter tout ce que j'ai souffert par là-bas! Et en garnison! l'ennui donc! Voilà un terrible ennemi à vaincre et qui vous pousse au café et de là à la salle de police. Heureusement que mon ami le *Manuel* était là, et m'empêchait de faire des sottises et de me laisser aller au chagrin, au découragement! Béni soit celui qui me l'a donné et celui qui l'a inventé! »

Tout en parlant, Moutier avait pris les *Mémoires d'un troupier*; il ouvrit le livre, en lut une ligne, puis deux, puis dix, puis des pages, suivies d'autres pages, si bien qu'une heure après il était encore là, debout devant la table, ne songeant pas à quitter le petit volume. Il n'entendit même pas madame Blidot et Elfy venir le chercher au jardin.

MADAME BLIDOT.

Le voilà dans notre berceau, Dieu me pardonne! Tiens! que fait-il donc là, immobile devant notre table? C'est qu'il ne bouge pas plus qu'une statue!

ELFY *riant*.

Serait-il mort? On dirait qu'il dort tout debout.

MADAME BLIDOT, *à mi-voix*.

Hem! hem!... Monsieur Moutier!... Il n'entend pas.

ELFY, *de même*.

Monsieur Moutier! le dîner est prêt, il vous attend... Sourd comme un mort! Parle plus haut; je n'ose pas, moi je ne le connais pas.

« Monsieur Moutier! » répéta plus haut madame Blidot en approchant de la table et en se mettant en face de lui. Il leva les yeux, la vit, passa la main sur son front comme pour rappeler ses idées, regarda autour de lui d'un air étonné.

« Bien des excuses, madame Blidot, je ne vous voyais ni ne vous entendais; j'étais tout à mon livre, c'est-à-dire à votre livre, reprit-il en souriant. Je n'aurais jamais cru qu'un livre pût amuser et intéresser autant. J'en étais à la salle de police; c'est que c'est ça, tout à fait ça! Je n'y ai été qu'une fois, et pour un faux rapport, sans qu'il y ait eu de ma faute... C'est si bien raconté, que je croyais y être encore!

MADAME BLIDOT.

Je suis bien aise que ce livre vous plaise. Vous pouvez le garder si vous désirez le finir. M. le curé m'en donnera un autre ; il en a autant qu'on en veut.

MOUTIER.

Ce n'est pas de refus, madame Blidot. J'accepte, et grand merci. Je le lirai à votre intention, et j'espère en devenir meilleur.

MADAME BLIDOT.

Quant à ça, monsieur Moutier, vous avez tout l'air d'être aussi bon que n'importe qui. Mais nous venons,

Torchonnet.

ma sœur et moi, vous avertir que le dîner est servi, voilà bientôt deux heures ; les enfants doivent avoir faim ; et je pense que vous-même ne serez pas fâché de manger un morceau.

MOUTIER.

Ceci est la vérité ; mon déjeuner est bien loin et ne fera pas tort au dîner. »

Moutier salua Elfy, qu'il ne connaissait pas encore, et suivit les deux sœurs dans la salle où les attendaient les enfants. Paul avait bien envie de toucher à ce qui était sur la table, mais Jacques l'en empêchait.

« Attends, Paul ; sois raisonnable ; tu sais bien qu'il ne faut toucher à rien sans permission.

PAUL.

Alors, Jacques, veux-tu donner permission ?

JACQUES.

Moi, je ne peux pas, ce n'est pas à moi.

PAUL.

Mais c'est que j'ai faim, moi. Veux manger.

JACQUES.

Attends une minute ; M. Moutier va venir, puis la dame, puis l'autre, ils te donneront à manger.

PAUL.

Est-ce long, une minute ?

JACQUES.

Non, pas très-long... Tiens, les voilà qui arrivent. »

Tout le monde se mit à table ; Jacques hissa son frère sur sa chaise et s'assit près de lui pour le servir. Moutier leur donna une petite tape amicale, et ils se mirent tous à manger une soupe aux choux, à laquelle Moutier donna les éloges d'un connaisseur. Quand la soupe fut achevée, Elfy voulut se lever pour placer sur la table un ragoût de bœuf et de haricots qui attendait son tour, mais Moutier la retint.

« Pardon, mamzelle ; ce n'est pas de règle que les dames servent les hommes. Permettez que je vous en épargne la peine.

— Au fait, dit madame Blidot en riant, vous êtes un peu de la maison depuis que vous nous avez donné ces enfants. Faites à votre idée, et mettez-vous à l'aise comme chez vous.

— Ma foi, madame Blidot, ce que vous dites est vrai ;

je me sens comme si j'étais chez moi, et j'en use, comme vous voyez. »

Le dîner s'acheva gaiement. Jacques était enchanté de voir Paul manger à s'étouffer. Après le dîner, Moutier les envoya s'amuser dehors; lui-même se mit à fumer: les deux sœurs s'occupèrent du ménage et servirent les voyageurs qui s'arrêtaient pour dîner; Moutier causait avec les allants et venants et donnait un coup de main quand il y avait trop à faire.

Jacques et Paul se promenaient dans la rue; ils regardaient les rares boutiques d'épicier, de boucher, boulanger, bourrelier; ils dépassèrent le village et rencontrèrent un pauvre petit garçon de huit à neuf ans, couvert de haillons, qui traînait péniblement un sac de charbon trop lourd pour son âge et ses forces; il s'arrêtait à chaque instant, essuyait du revers de sa main la sueur qui coulait de son front. Sa maigreur, son air triste, frappèrent le bon petit Jacques.

« Pourquoi traînes-tu un sac si lourd? lui demanda-t-il en s'approchant de lui.

— Parce que mon maître me l'a ordonné, répondit le petit garçon d'une voix larmoyante.

— Et pourquoi ne lui dis-tu pas que c'est trop lourd?

— Je n'ose pas; il me battrait.

— Il est donc méchant?

— Chut! dit le petit garçon en regardant autour de lui avec terreur. S'il vous entendait, il me donnerait des coups de fouet.

— Pourquoi restes-tu chez ce méchant homme? reprit Jacques à voix basse.

LE GARÇON.

On m'a mis là, il faut bien que j'y reste. Je n'ai personne chez qui aller: ni père ni mère.

JACQUES.

C'est comme moi et Paul; mais fais comme moi, demande à la bonne sainte Vierge de t'aider, tu verras qu'elle le fera; elle est si bonne !

LE GARÇON.

Mais je ne la connais pas; je ne sais pas où elle demeure.

JACQUES.

Ah! mais je ne sais pas non plus moi ! Mais ça ne fait rien; demande toujours, elle t'entendra.

LE GARÇON.

Oh! je ne demanderais pas mieux. Mais si j'appelle trop fort, mon maître l'entendra aussi, et il me battra.

JACQUES.

Il ne faut pas crier; dis tout bas : « Sainte Vierge, venez à mon secours. Vous qui êtes la mère des affligés, bonne sainte Vierge, aidez-moi. »

Le petit malheureux fit comme le lui disait Jacques, puis il attendit.

« Personne ne vient, dit-il, et il faut que je m'en aille avec mon sac, le maître l'attend.

— Attends, je vais t'aider un peu; nous allons le traîner à nous deux. La sainte Vierge ne vient pas tout de suite comme ça, mais elle aide tout de même. »

Jacques tira le sac, après avoir recommandé à Paul de pousser; le petit garçon n'avait pas autant de force que Jacques, qui tira si bien, que le sac bondit sur les pierres de la route, qu'il se déchira en plusieurs endroits et que les morceaux de charbon s'échappèrent de tous côtés. Les enfants s'arrêtèrent consternés; mais Jacques ne perdait pas la tête pour si peu de chose.

« Attends, dit-il, ne bouge pas; je vais appeler M. Moutier, qui est très-bon; c'est lui que la sainte

Vierge nous a envoyé; elle te l'enverra aussi. Viens, Paul, courons vite. »

Il prit Paul par la main, et tous deux coururent, aussi vite que les petites jambes de Paul le permirent, jusque chez madame Blidot, où ils trouvèrent Moutier fumant avec quelques voyageurs.

JACQUES.

Monsieur Moutier, vous qui êtes si bon, venez vite

Jacques tira le sac et Paul le poussa. (Page 47.)

au secours d'un pauvre petit garçon bien plus malheureux que moi et Paul; il ne peut pas traîner un gros sac de charbon que nous avons crevé, et son méchant maître le battra. Ce pauvre petit a si peur! Et la sainte Vierge vous fait dire d'aller vite pour l'aider.

— Où as-tu vu la sainte Vierge, mon garçon, pour me faire ses commissions? dit Moutier en riant et en se levant.

— Je ne l'ai pas vue, mais je l'ai sentie dans ma tête

et dans mon cœur. Vous savez bien que c'est elle qui vous a envoyé pour nous sauver, Paul et moi; il faut encore sauver ce petit malheureux.

— C'est bien, mon brave petit; j'y vais; tu vas m'y mener. »

Moutier le suivit après avoir demandé à Elfy de garder Paul, qui ne marchait pas assez vite. Jacques le mena en courant sur la route, où ils trouvèrent le petit garçon que Moutier reconnut tout de suite; c'était Torchonnet, le pauvre souffre-douleur du méchant aubergiste Bournier. Il s'en approcha d'un air de compassion, releva le sac, l'examina, tira de la poche de sa veste une aiguille et du gros fil, comme les soldats ont l'habitude d'en avoir, raccommoda les trous, et, tout en causant, demanda au petit : « N'y a-t-il pas moyen d'apporter le charbon sans traverser le village et sans être vu de ton maître, mon pauvre garçon? Je n'aimerais pas à rencontrer ce mauvais homme ; je craindrais de me laisser aller à lui donner une roulée qui ne serait pas d'un très-bon effet.

LE GARÇON.

Oui, Monsieur, on peut passer derrière les maisons, et vider le sac dans le charbonnier qui se trouve adossé au hangar par dehors.

— Alors en route, mon ami, » dit Moutier en chargeant le sac sur ses épaules.

Torchonnet regarda avec admiration.

« Oh ! Monsieur, mon bon monsieur ! Dites bien à la sainte Vierge combien je la remercie de vous avoir envoyé. Cette bonne sainte Vierge !... Ce petit avait raison tout de même, ajouta-t-il en regardant Jacques d'un air joyeux.

— Je t'avais bien dit, » reprit Jacques avec bonheur.

Moutier riait de la naïveté des enfants. Ils ne tardèrent pas à arriver au charbonnier; Moutier vida le sac, le ploya et le mit dans un coin. Il s'apprêtait à partir, quand l'enfant le rappela timidement.

« Monsieur, seriez-vous assez bon pour prier la sainte Vierge de m'envoyer à manger? On m'en donne si peu que j'ai mal là (montrant son estomac) et que je n'ai pas de forces.

— Pauvre malheureux!... répondit Moutier attendri. Écoute: viens à l'*Ange-Gardien*, je te recommanderai à madame Blidot, bonne femme s'il en fut jamais.

TORCHONNET.

Oh! Monsieur, je ne pourrai pas! Mon maître me tuerait si j'y allais. Il la hait au possible.

MOUTIER.

Alors je t'apporterai quelque chose que je demanderai à madame Blidot; et puis, mon bon petit Jacques t'apportera à manger tous les jours. Veux-tu, mon Jacquot?

JACQUES.

Oh! oui, monsieur Moutier. Je garderai tous les jours quelque chose de mon déjeuner pour lui. Mais comment faire pour le lui donner? J'ai peur de son maître.

TORCHONNET.

Vous pouvez le placer dans le creux de l'arbre, près du puits, j'y vais tous les jours puiser de l'eau.

MOUTIER.

C'est bien, c'est entendu. Dans un quart d'heure tu auras ton affaire. Jacquot le portera au puits. Partons, maintenant, pour qu'on ne nous surprenne pas; c'est ça qui ferait une affaire à ce pauvre Torchonnet! »

Moutier partit avec Jacques; en rentrant à l'*Ange-Gardien*, il raconta à madame Blidot l'histoire de Torchonnet, et lui demanda de permettre à Jacques de faire cette charité de tous les jours.

« Mais, ajouta-t-il, je ne veux pas que vous vous empariez de toutes mes bonnes actions, et je veux payer la nourriture de ce petit malheureux; vous me direz à combien vous l'estimez et ce dont je vous serai redevable. Je viendrai faire nos comptes une ou deux fois l'an.

MADAME BLIDOT.

Nos comptes ne seront pas longs à faire, monsieur Moutier; mais, tout de même, je serai bien aise de vous revoir pour que vous veniez inspecter nos enfants et voir si vous les avez mal placés en me les confiant. Tiens, mon petit Jacques, porte cela dans le creux de l'arbre du puits, pour que le pauvre enfant ne se couche pas sans souper. »

Jacques reçut avec bonheur un paquet renfermant du pain et de la viande; il prit Paul par la main et se dirigea vers le puits que lui indiqua madame Blidot et qui était à cent pas de l'*Ange-Gardien*. Il plaça son petit paquet dans l'arbre, et, peu de minutes après, il vit le pauvre Torchonnet arriver avec une cruche; pendant qu'elle se remplissait, Torchonnet saisit le papier, l'ouvrit, mangea avidement une partie des provisions qu'il contenait, remit le reste dans le creux de l'arbre, fit de loin un salut amical à Jacques et repartit, portant péniblement sa cruche pleine.

V

SÉPARATION.

La journée se continua et se termina gaiement pour tous les habitants de l'*Ange-Gardien*; les enfants jouèrent, soupèrent de bon appétit et se couchèrent de bonne heure, fatigués de leur journée et surtout de leur nuit précédente. Moutier continua ses bons offices à madame Blidot et à sa sœur pour le service des rares voyageurs qui s'arrêtaient pour se rafraîchir et se reposer. Quand les enfants furent couchés, il resta à causer avec elles sur ce qu'il convenait de faire pour ces pauvres petits abandonnés.

MOUTIER.

Ils ont encore leur père, d'après ce que m'a raconté Jacques; mais comment le retrouver? Je ne peux seulement pas savoir son nom ni l'endroit où il demeurait quand les gendarmes l'ont emmené. Peut-être est-il en prison ou au bagne pour quelque grosse faute qu'il aura commise. Peut-être vaut-il mieux pour eux ne pas connaître leur père; mais il faut tout de même que demain, avant de partir, j'aille faire ma déclaration à la mairie; on pourrait arriver par là à savoir quel nom leur faire porter. Si le maire vient vous interroger, vous direz la simple vérité. Je vous laisserai mon adresse pour que vous puissiez me faire savoir les nouvelles en cas de besoin.

MADAME BLIDOT.

Mais vous ne serez pas sans revenir pour en avoir par vous-même, monsieur Moutier ; car je considère ces enfants comme restant sous votre protection et vous appartenant plus qu'à moi.

MOUTIER.

J'en serais bien embarrassé si je les avais, ma bonne madame Blidot ; ils sont mieux placés chez vous que chez moi, qui n'ai pas de domicile ni d'autres moyens d'existence que mes deux bras. Mais voilà qu'il se fait tard ; ma journée a commencé avant le jour, et je ne serais pas fâché d'en voir la fin.

MADAME BLIDOT.

Que ne le disiez-vous plus tôt ? Je vous aurais mené à votre chambre qui est ici près au rez-de-chaussée donnant sur le jardin. Ma sœur et moi nous couchons là-haut ; c'est plus sûr pour deux femmes seules : non pas que le pays soit mauvais ; mais si quelque mauvais sujet vient faire du train.....

MOUTIER.

Qu'il y vienne donc pendant que j'y suis : moi et Capitaine nous lui ferons son affaire, et lestement, je vous réponds. »

Madame Blidot sourit, alluma une chandelle et la porta dans la chambre préparée pour Moutier. Il la remercia, la salua, ferma sa porte, alluma un cigare, fuma quelque temps, tout en réfléchissant, fit un grand signe de croix, une courte prière, se coucha et s'endormit jusqu'au lendemain matin.

Il paraît qu'il dormit longtemps, car, à son réveil,

il entendit le babillage des enfants et le gai rire d'Elfy et de madame Blidot. Honteux de son long sommeil, il sauta à bas de son lit et commença ses ablutions.

« Bon lit, pensa-t-il; il y a longtemps que je n'en avais eu un si bon; c'est ce qui m'a mis en retard..... Me voici prêt; vite, que j'aille aider ces femmes dans leur besogne. »

En ouvrant la porte, il se trouva en face de ses deux hôtesses, qui débarbouillaient et arrangeaient chacune leur enfant.

MOUTIER.

Pardon, excuse, Mesdames, je suis en retard : ce n'était pourtant pas mon habitude au régiment; mais les logements sont bons, trop bons; on dort trop bien dans vos lits.

JACQUES.

Bonjour, monsieur Moutier; vous avez bien dormi?

MOUTIER.

Je le crois bien que j'ai dormi; trop bien, comme tu vois, mon garçon, puisque je suis en retard. Tu n'as pas mauvaise mine non plus, toi; ton lit était meilleur que celui de la nuit dernière?

JACQUES.

Oh! qu'il était bon! Paul avait si chaud! Il était si content! il a si bien dormi! J'étais si heureux; et je vous ai tant remercié, mon bon monsieur Moutier!

MOUTIER.

Ce sont ces dames qu'il faut remercier, mon enfant, et pas moi, qui suis un pauvre diable sans asile.

JACQUES.

Mais c'est vous qui nous avez sauvés dans la forêt; c'est vous qui nous avez ramenés ici; c'est vous qui

Elles débarbouillaient chacune leur enfant. (Page 54.)

nous avez donnés à madame Blidot et à mademoiselle Elfy ; elles m'ont dit tout à l'heure que c'était la sainte Vierge et vous qui étiez nos sauveurs. »

Moutier ne répondit pas ; il prit Jacques et Paul dans ses bras, les embrassa à plusieurs reprises, donna une poignée de main à chacune des sœurs et s'assit près de la table en attendant que la toilette des enfants fût terminée.

« Que puis-je faire pour vous aider? demanda-t-il.

ELFY.

Puisque vous êtes si obligeant, monsieur Moutier, allez me chercher du fagot au bûcher au fond du jardin, pour allumer mon feu ; et puis une pelletée de charbon pour le fourneau. Je préparerai le café en attendant.

MADAME BLIDOT.

Y penses-tu, Elfy, de charger M. Moutier d'une besogne pareille?

MOUTIER.

Laissez, laissez, ma bonne hôtesse ! mademoiselle Elfy sait bien qu'elle m'oblige en m'employant pour vous servir. Croyez-vous que je n'aie jamais porté de bois ni de charbon ? J'en ai fait bien d'autres au régiment. Je ne suis pas si grand seigneur que vous le pensez ! »

Moutier partit en courant et ne tarda pas à revenir avec une énorme brassée de fagots.

ELFY.

Ha, ha, ha ! il y en a trois fois trop. Laissez-moi ces brins-là et reportez le reste au bûcher en allant chercher du charbon.

MADAME BLIDOT.

Elfy ! Je t'assure que tu es trop hardie !

ELFY.

Non, non ; il faut qu'il apprenne son service convenablement. Il ne demande pas mieux, c'est facile à voir ; mais il ne sait pas ; c'est pourquoi il faut lui dire.

MOUTIER.

Merci, mademoiselle Elfy, merci ; je vois combien vous êtes bonne et que vous avez de l'amitié pour moi.

« Tu vois bien, » dit Elfy, triomphante, pendant que Moutier était reparti avec sa brassée de bois.

Madame Blidot sourit en secouant la tête.....

MADAME BLIDOT.

Pense donc que nous le connaissons depuis hier seulement et que nous sommes chez nous pour servir les voyageurs et pas pour les faire travailler.

ELFY.

Mais lui n'est pas un voyageur comme un autre ; il nous a donné ces enfants qui sont si gentils, et qui vont nous faire une vie si gaie, si bonne ! C'est un présent ça qui se paye par l'amitié ; et moi, quand j'aime les gens, je les fais travailler. Il n'y a rien que je déteste comme les gens qui ne font rien, qui vous laissent vous échiner sans seulement vous offrir le bout du doigt pour vous aider.

« Et vous avez bien raison, mademoiselle Elfy, dit Moutier, qui avait entendu ce qu'elle disait à sa sœur. Et c'est vrai que je ne suis pas un voyageur comme un autre, car je vous dois de la reconnaissance pour la charge que vous avez bien voulu prendre ; et croyez bien que je ne suis pas d'un caractère ingrat.

ELFY, *souriant.*

Je le vois bien, monsieur Moutier ; vous n'avez pas

besoin de le dire ; je suis fine, allez ; je devine bien des choses. »

Moutier sourit à son tour, mais il ne dit rien, et, prenant un balai, il commença à balayer la salle.

ELFY.

Laissez ce balai ; prenez l'éponge et le torchon ; quand vous aurez lavé et essuyé la table et le fourneau, alors vous balayerez.

Moutier obéit de point en point. Quand il eut fini :

« Mon commandant est-il satisfait ? dit-il en faisant le salut militaire. Que faut-il faire ensuite ?

— Très-bien, dit Elfy, après avoir parcouru des yeux toute la salle. A présent, allez nous chercher du lait à la ferme ici près, à la sortie du village ; je vous serais bien obligée si vous emmeniez les enfants avec vous ; ils connaîtront le chemin et ils pourront aller chercher notre lait quand vous serez parti. »

Moutier prit la main de Jacques, qui tenait déjà celle de Paul, et tous trois se mirent gaiement en marche, sautant et riant.

« Du lait, s'il vous plaît, » dit Moutier à une grosse fermière, qui passait le lait nouvellement trait.

La fermière se retourna, regarda avec surprise ce visage nouveau. « Pour combien ? dit-elle enfin.

MOUTIER.

Ma foi, je n'ai pas demandé. Mais donnez comme d'habitude : vous savez ce qu'on vous en prend tous les matins.

LA FERMIÈRE.

C'est à savoir pour qui.

MOUTIER.

Pour madame Blidot, à l'*Ange-Gardien.*

LA FERMIÈRE.

Tiens! vous êtes donc à son service? Depuis quand?

MOUTIER.

A son service pour le moment. Depuis hier seulement.

« C'est tout de même drôle, grommela la fermière en donnant trois mesures de lait.

— Faut-il payer? dit Moutier en fouillant dans sa poche.

LA FERMIÈRE.

Mais non. Vous savez bien que nous faisons nos comptes tous les mardis, jour de marché.

MOUTIER.

Je n'en sais rien, moi. Comment le saurais-je depuis hier que je suis au pays? Bien le bonjour, Madame. »

La fermière fit un signe de tête et se remit à son travail, en se demandant pourquoi madame Blidot avait pris à son service un militaire dont elle n'avait nullement besoin.

Moutier s'en alla avec les enfants et son pot au lait, riant de l'étonnement de la fermière.

« Voici, Mamzelle, dit-il en rentrant; je gage que vous allez avoir la visite de la grosse fermière.

ELFY.

Pourquoi cela?

MOUTIER.

C'est qu'elle a eu l'air si surpris quand je lui ai dit que j'étais à votre service, qu'elle viendra bien sûr aux explications.

ELFY.

Et pourquoi avez-vous dit une... une chose pareille? Si on a jamais vu inventer comme cela?

MOUTIER.

Comment donc, Mamzelle? Mais c'est la pure vérité. Ne suis-je pas à votre service, tout à votre service?

ELFY.

Vous m'impatientez avec vos rires et vos jeux de mots.

MOUTIER.

Il n'y a pourtant pas de quoi, mamzelle Elfy. Je ris parce que je suis content. Cela ne m'arrive pas souvent, allez. Un pauvre soldat loin de son pays, sans père ni mère, qui n'a aucun lien de cœur dans ce monde, peut bien s'oublier un instant et se sentir heureux d'inspirer quelque intérêt et d'être traité avec amitié. J'ai eu tort peut-être; j'ai fait sans y penser une mauvaise plaisanterie; veuillez m'excuser, Mamzelle. Pensez que je pars tantôt et pour longtemps sans doute; il ne faut pas trop m'en vouloir.

ELFY.

C'est moi qui ai tort de vous quereller pour une niaiserie, mon bon monsieur Moutier; et c'est à moi de vous faire des excuses. C'est que, voyez-vous, c'était si ridicule de penser que ma sœur et moi nous vous avions pris à notre service que j'ai eu peur qu'on ne se moquât de nous.

MOUTIER.

Et vous avez un peu raison, Mamzelle; voulez-vous que je retourne chez la fermière, lui dire...

MADAME BLIDOT.

Mais non, Monsieur; tout cela n'est qu'un enfantillage d'Elfy. Elle est jeune, voyez-vous; un peu trop gaie, à mon avis, et elle a abusé de votre complaisance.

MOUTIER.

C'est ce que je n'admets pas, madame Blidot; et

pour preuve, je vais encore à l'ordre de mademoiselle Elfy et je lui demande ce qu'elle désire que je fasse.

— Aidez-moi à faire le café, à chauffer le lait, » dit Elfy moitié riant, moitié rougissant.

Le déjeuner fut bientôt prêt ; les enfants l'attendaient avec impatience et y firent honneur. Quand il fut terminé, Moutier alla à la mairie ; madame Blidot et Elfy s'occupèrent de leur ouvrage et les enfants s'amusèrent au jardin. La matinée passa vite ; Moutier dîna encore avec les enfants et les deux sœurs ; puis il se disposa à sortir. Il demanda à payer sa dépense, mais madame Blidot ne voulut jamais y consentir. Ils se séparèrent amicalement et avec regret. Jacques pleurait en embrassant son bienfaiteur, Paul essuyait les yeux de Jacques ; tous deux entouraient Capitaine de leurs petits bras.

« Adieu, mon bon Capitaine, disait Jacques ; adieu, mon bon chien ; toi aussi tu nous as sauvés dans la forêt, c'est toi qui nous as vus le premier ; c'est toi qui as porté Paul sur ton dos ; adieu, mon ami, adieu ; je ne t'oublierai pas, non plus que mon bon ami M. Moutier. »

Moutier était ému et triste. Il serra fortement les mains des deux bonnes et excellentes sœurs, donna un dernier baiser à Jacques, jeta un dernier regard dans la salle de l'*Ange-Gardien* et s'éloigna rapidement sans tourner une seule fois la tête.

Les enfants étaient à la porte, regardant leur nouvel ami s'éloigner et disparaître ; Jacques essuyait ses yeux. Quand il ne vit plus rien, il rentra dans la salle et se jeta en pleurant dans les bras de madame Blidot.

« A présent que M. Moutier est parti, vous ne nous chasserez pas, n'est-ce pas, Madame ? Vous garderez

Porte cela dans le creux de l'arbre. (Page 66.)

toujours mon cher petit Paul, et vous me permettrez de rester avec lui.

MADAME BLIDOT.

Pauvre enfant ! Non, je ne vous chasserai pas, je vous garderai toujours ; je vous aimerai comme si vous étiez mes enfants. Et, pour commencer, je te demande ainsi qu'à Paul de ne pas m'appeler madame, mais maman.

JACQUES.

Oh oui ! vous serez notre maman, comme pauvre maman qui est morte et qui était bien bonne. Paul, tu ne diras plus jamais madame à madame Blidot, mais maman.

PAUL.

Non, veux pas ; veux aller avec Capitaine et Moutier.

JACQUES.

Mais puisqu'ils sont partis !

PAUL.

Ça ne fait rien : viens me mener à Capitaine.

JACQUES.

Tu n'aimes donc pas maman Blidot ?

PAUL.

J'aime bien, mais j'aime plus Capitaine.

ELFY.

Laisse-le, mon petit Jacques ; il s'habituera petit à petit ; il nous aimera autant qu'il aime Capitaine, et il appellera ma sœur maman, et moi, ma tante. Toi aussi, je suis ta tante.

— Oui, ma tante, dit Jacques en l'embrassant. »

Jacques, tranquille sur le sort de Paul, se laissa aller à toute sa gaieté ; il inventa, pour occuper son frère, une foule de jeux amusants avec de petites pierres, des brins de bois, des chiffons de papier. Lui-même chercha à se rendre utile à madame Blidot et à Elfy en faisant leurs commissions, en lavant la vaisselle, en servant les voyageurs. Vers le soir, il s'approcha de madame Blidot, et lui dit avec quelque embarras :

« Maman, vous avez promis à M. Moutier de donner un peu à manger au pauvre Torchonnet ; je l'ai vu tout à l'heure ; il courait avec un gros pain sous le bras ; il m'a fait signe qu'il allait venir chercher de l'eau au puits ; voulez-vous me donner quelque chose pour que je le lui porte dans l'arbre creux ?

MADAME BLIDOT.

Oui, mon ami ; voici un reste de viande et un morceau de pain. Va mettre cela dans le creux de l'arbre ; et, de peur que je ne l'oublie à l'avenir, rappelle-le-moi tous les jours à dîner ; nous ferons la part du pauvre petit malheureux.

JACQUES.

Merci, maman, vous êtes bonne comme M. Moutier. »

Et Jacques emporta ses provisions, qu'il alla déposer dans l'arbre du puits. Il ne tarda pas à voir arriver Torchonnet avec sa cruche ; il marchait lentement, et il s'essuyait les yeux tout en dévorant le pain et la viande de madame Blidot ; il but de l'eau de la cruche, salua tristement Jacques et Paul, qui le regardaient du seuil de la porte, et reprit le chemin de son auberge.

Les jours se passaient ainsi, heureux pour Jacques et pour tous les habitants de l'*Ange-Gardien*, tristes et cruels pour l'infortuné Torchonnet que son maître maltraitait sans relâche. Bien des fois Jacques l'aida en cachette à exécuter les ordres qu'il recevait et qui dépassaient ses forces ; tantôt c'était un objet trop lourd à porter au loin ; alors Jacques et Paul le rejoignaient à la sortie du village et l'aidaient à porter son fardeau.

Torchonnet dévorait le pain et la viande. (Page 66.)

Tantôt c'était une longue course à faire à la fin du jour, quand la fatigue d'un travail continuel le rendait incapable d'accomplir une longue marche ; Jacques alors obtenait de madame Blidot la permission de faire la course pour Torchonnet, tandis que celui-ci se reposait au pied d'un arbre et mangeait les provisions que lui envoyait madame Blidot.

VI

SURPRISE ET BONHEUR.

Il y avait trois ans que madame Blidot et sa sœur avaient les petits orphelins; elles s'y attachaient chaque jour davantage, et ils devenaient de plus en plus aimables et charmants. La tendresse de Jacques pour son frère excitait l'intérêt de tous ceux qui en étaient témoins. Paul aimait son frère avec la même affection; tous deux étaient tendrement attachés à madame Blidot et à Elfy. Tous parlaient souvent avec amitié et reconnaissance du bon M. Moutier; depuis longtemps on n'en avait aucune nouvelle. Dans les premiers mois il était revenu à deux reprises passer avec Capitaine quelques jours à l'*Ange-Gardien*; il avait écrit plusieurs fois pour s'informer de ce qui s'y passait; madame Blidot lui avait exactement et longuement répondu, elle avait appris qu'il quittait le pays pour s'engager; elle n'avait pas su d'autres détails. Pendant ce silence prolongé, la campagne de Crimée avait eu lieu; elle s'était terminée comme elle avait commencé, avec beaucoup de gloire et de lauriers; mais des deuils innombrables furent la conséquence nécessaire de ces immortelles victoires. Au village de l'*Ange-Gardien*, plus d'une famille pleurait un fils, un frère, un ami. Quelques-uns revenaient avec une jambe ou un bras de moins, ou des blessures qui les rendaient incapables de continuer leur service.

Un matin, Jacques et Paul balayaient le devant de la porte de l'*Ange-Gardien*; madame Blidot et Elfy préparaient le dîner, lorsqu'un homme, qui s'était approché sans bruit, arrêta doucement le balai de Paul. Celui-ci se retourna et se mit à crier :

« Jacques, au secours ! on me prend mon balai. »

Jacques bondit vers son frère pour le défendre énergiquement, lorsqu'un regard jeté sur le prétendu voleur lui fit abandonner son balai; il se précipita dans les bras de l'homme en criant :

« Maman ! ma tante ! M. Moutier, notre bon M. Moutier ! »

Madame Blidot et Elfy apparurent immédiatement et se trouvèrent en face de Moutier, qui laissa Jacques et Paul pour donner un cordial bonjour à ses deux amies. Ce fut un moment de grande joie. Tous parlaient à la fois et faisaient mille questions sans donner le temps d'y répondre. Enfin, Moutier parvint à faire comprendre pourquoi il n'avait plus donné de ses nouvelles.

« Peu de temps après mon retour au pays, mes bonnes hôtesses, j'appris qu'il courait des bruits de guerre avec la Russie. Je n'avais jamais eu de rencontre avec les Russes, puisque nous étions en paix avec eux; je savais qu'ils se battaient bien, que c'étaient de braves soldats. J'avais fait mon temps, il est vrai, mais... un soldat reste toujours soldat. J'avais quelque chose dans le cœur qui me poussait à rejoindre mes anciens camarades; quand la guerre fut déclarée, je repris un engagement pour deux ans dans les zouaves, et je partis. Depuis ce jour, impossible d'écrire. Toujours en campagne.

Et quelle campagne ! Au débarquer à Gallipoli, un choléra qui faillit m'emporter; à peine rétabli, des marches, des contre-marches, une descente en Crimée, une bataille à Alma comme on n'en avait jamais vu; sans vanité nous nous sommes tous battus comme des lions. Je ne parle pas des Anglais, qui, selon leur habitude, se sont trouvés en retard parce que leur rosbif et leur poudding n'étaient pas cuits. Mais nous autres, nous avons fait ce qu'aucun peuple au monde ne pourra refaire. Nous avons grimpé des rochers à pic sous une grêle de balles et de mitraille; nous avons chassé les Russes du plateau où ils s'étaient très-joliment installés. Ces pauvres gens ! Ah ! j'en ris encore ! En nous voyant escalader ces rochers et monter, monter toujours, ils nous ont pris pour des diables, et, après un échange de coups désespérés, ils se sont sauvés et ont couru si vite, que plus de moitié se sont échappés. Leur général, le prince Mentchikoff, qui était là pour voir comme on nous culbuterait de dessus les rochers, a failli être pris. Il s'est sauvé laissant sa voiture, ses effets, ses papiers et tout. — Après, est venu le siége de Sébastopol; belle chose, ma foi. Belles batailles ! bien attaqué, bien défendu. A Inkermann, au camp des Anglais, les Russes les ont rossés et en ont tué l'impossible comme à Balaklava. Mais nous étions accourus, nous autres Français, et nous avons à notre tour fait une marmelade de ces pauvres Russes, qui se battaient comme des lions, il n'y a pas de reproches à leur faire; mais le moyen de résister à des Français bien commandés ! Je passe sur les détails du siége, qui a été magnifique et terrible, et j'arrive à Malakoff, un de ces combats flamblants, où chaque soldat est un héros, et où chacun a mérité la croix et un grade. Là, j'ai attrapé deux balles, une dans le bras

Maman! ma tante! voilà M. Moutier. (Page 71.)

gauche, qui est resté un peu roide ; et une à travers le corps, qui a failli m'emporter et qui m'a fait réformer. Aussitôt guéri, aussitôt parti, avec l'idée de faire une reconnaissance du côté de l'*Ange-Gardien*. C'est que je n'avais oublié personne ici, ni les pauvres enfants, ni les bonnes et chères hôtesses. J'étais sûr de trouver un bon accueil ; j'ai pensé que je pouvais bien venir pour quelques jours me remettre au service de mademoiselle Elfy, qui sait si bien commander. »

Moutier sourit en disant ces mots, madame Blidot rit bien franchement. Elfy rougit.

ELFY.

Comment, monsieur Moutier ! Vous n'avez pas oublié mes niaiseries d'il y a trois ans ? Je suis moins folle que je ne l'étais, et je ne me permettrais pas de vous commander comme je l'ai fait alors, quand je n'avais que dix-sept ans.

MOUTIER.

Tant pis, Mamzelle ; il faudra que je devine, et je pourrai faire des sottises croyant bien faire. Quant à oublier, je n'ai rien oublié de ce qui regarde le peu de jours que j'ai passés chez vous en trois temps, pas un mot, pas un geste ; tout est resté gravé là, ajouta-t-il en montrant son cœur. Et toi, mon pauvre petit Jacques, tu m'as eu bientôt reconnu ; tu n'as pas hésité une minute.

JACQUES.

Comment ne vous aurais-je pas reconnu ? J'ai toujours pensé à vous ; je vous ai embrassé tous les jours dans mon cœur, et j'ai toujours prié pour vous ; car M. le curé m'a appris à prier, et moi je l'ai appris à Paul.

MOUTIER.

Et moi aussi, mon garçon, j'ai appris à prier comme

je n'avais jamais fait auparavant; ce qui prouve qu'on apprend à tout âge et partout; c'est un bon P. Parabère, un jésuite, qui m'a montré comment on vit en bon chrétien. Un fameux jésuite ce P. Parabère ! Courageux comme un zouave, bon et tendre comme une sœur de charité, pieux comme un saint, infatigable comme un Hercule.

JACQUES.

Où est-il ce bon père? Je voudrais bien le voir ou lui écrire.

MOUTIER, *ému.*

Parle-lui, mon ami; il t'entendra; car il est près du bon Dieu.

« Qu'est-ce que vous avez là? dit Paul qui était près de Moutier et qui jouait avec sa croix d'honneur.

MOUTIER.

C'est une croix que j'ai gagnée à Malakoff.

ELFY.

Et vous ne nous le disiez pas? Vous l'avez pourtant bien gagnée certainement.

MOUTIER.

Mon Dieu, Mamzelle, pas plus que mes autres camarades; ils en ont fait tout autant que moi; seulement ils n'ont pas eu la chance comme moi.

ELFY.

Mais, pour que vous ayez eu la croix, il faut que vous ayez fait quelque chose de plus que les autres.

MOUTIER.

Plus, non; mais voilà ! C'est que j'ai eu la chance de rapporter au camp un drapeau et un général.

ELFY.

Comment, un général?

MOUTIER.

Oui ; un pauvre vieux général russe blessé qui ne pouvait pas se tirer des cadavres et des débris de Malakoff. J'ai pu le sortir de là comme le fort venait de sauter, et je l'ai rapporté dans le drapeau que j'avais pris ; en nous en allant, comme j'approchais des nôtres, une diable de balle s'est logée dans mon bras ; ce n'était rien ; je pouvais encore marcher, lorsqu'une autre balle me traverse le corps ; pour le coup je suis tombé, me recommandant moi et mon blessé à la sainte Vierge et au bon Dieu ; on nous a retrouvés ; je ne sais ce qu'a dit ce général quand il a pu parler, mais toujours est-il que j'ai eu la croix et que j'ai été porté à l'ordre du jour. C'est le plus beau de mon affaire ; j'avoue que j'ai eu un instant de gloriole, mais ça n'a pas duré, Dieu merci.

MADAME BLIDOT.

Vous êtes modeste, monsieur Moutier ; un autre ferait sonner bien haut ce que vous cherchez à amoindrir.

PAUL.

Maman, j'ai faim ; je voudrais dîner.

MOUTIER, *se levant.*

C'est moi qui vous ai mis en retard, qui ai mis le désordre dans votre service. Mamzelle Elfy, me voici prêt à vous servir ; j'attends les ordres.

ELFY.

Je n'ai pas d'ordre à vous donner, monsieur Moutier ; laissez-vous servir par nous ; c'est tout ce que je vous demande. Jacques, mets vite le couvert de ton ami. »

Jacques ne se le fit pas dire deux fois ; en trois minutes le couvert fut mis. Pendant ce temps, Moutier coupa du pain, tira du cidre à la cave, versa la soupe dans la soupière et le ragoût de viande dans un plat. On se mit à table. Jacques demanda à se mettre à côté de M. Moutier, Paul prit sa place accoutumée près de son frère.

« Comme te voilà grandi, mon ami ! dit Moutier en passant amicalement la main sur la tête de Jacques ; et Paul ! Le voilà grand comme tu l'étais la première fois que je t'ai vu.

ELFY.

Et il est aussi sage que Jacques, ce qui n'est pas peu dire. Il lit déjà couramment, et il commence à écrire.

MOUTIER.

Et toi, Jacques ? Où en es-tu de tes études ?

JACQUES.

Oh ! moi, je suis plus vieux que Paul, je dois savoir plus que lui. Je vous ferai voir mes cahiers.

MOUTIER.

Ho ! ho, *mes* cahiers ! Tu es donc bien savant ?

JACQUES.

Je fais de mon mieux ; le maître d'école dit que je fais bien ; je tâche, toujours.

MOUTIER.

Bon garçon ! va ! Tu es modeste, je vois ça.

PAUL.

Monsieur Moutier, est-ce que vous êtes toujours soldat ?

MOUTIER.

Je suis sergent, mon garçon.

ELFY.

Et vous ne nous le disiez pas ! Quand avez-vous été nommé sergent ?

Je l'ai rapporté dans le drapeau que j'avais pris. (Page 11.)

MOUTIER.

Après Inkermann! j'ai toujours eu de la chance. Après l'Alma, caporal, puis sergent, puis la médaille, puis la croix.

JACQUES.

Racontez-nous ce que vous avez fait pour avoir tout cela, mon bon monsieur Moutier.

MOUTIER.

Mon Dieu, j'ai fait comme les autres; seulement à l'Alma, j'ai eu le bonheur de sauver mon colonel blessé; je suis tombé sur un groupe de Russes qui l'emportaient; j'ai sabré, piqué, je me suis tant démené, que j'en ai tué, blessé; les autres sont partis tout courant et criant : *Tchiorte! tchiorte!* Ce qui veut dire : *le diable! le diable!*

MADAME BLIDOT.

Et puis, pour le reste?

MOUTIER.

Eh bien, après Inkermann, ils m'ont nommé sergent, parce qu'ils ont dit que j'avais fait le travail de dix et que j'ai dégagé un canon que les Russes enclouaient; un canon anglais! Beau mérite! il ne valait pas la douzaine de pauvres diables que j'ai tués pour le ravoir. Mais enfin, c'est comme ça; je suis devenu sergent tout de même.

ELFY.

Et la médaille?

MOUTIER.

Vous n'oubliez rien, mamzelle Elfy! La médaille, c'est à Traktir, pour avoir culbuté quelques Russes dans le ruisseau au-dessous. Nos hommes avaient perdu leur sous-lieutenant; c'est moi qui avais pris le commandement juste au bon moment. Encore et toujours la chance! Mais..... qu'avez-vous donc, mamzelle Elfy? Vous avez les yeux pleins de larmes. Est-ce que je vous aurais chagrinée sans le vouloir?

ELFY.

Non, mon cher monsieur Moutier; c'est votre modestie qui me touche. Si courageux et si modeste! Ne

C'est à Traktir (Page 81.)

faites pas attention, ça passera; c'est le premier moment. »

La conversation ralentit un peu le dîner, qui avançait pourtant; les enfants écoutaient avidement les récits de Moutier. Quand on fut au café, Jacques lui demanda ce qu'était devenu le général prisonnier.

MOUTIER.

Nous sommes venus ensemble, tous deux bien malades. Il avait comme moi le corps traversé d'une balle et d'autres blessures encore ; c'est un brave homme qui n'a jamais voulu me quitter. Nous avons été à l'hôpital de Marseille ; il a voulu qu'on me mît auprès de lui dans une chambre particulière, et, pour achever de nous guérir, on nous a ordonné les eaux de Bagnols. Nous sommes arrivés à Paris, où le général devait séjourner ; il voulait m'emmener aux eaux pour m'épargner le voyage à pied par étapes, mais je lui avais raconté mon histoire, et je lui ai dit que je voulais absolument revoir *mes enfants*..... et aussi..... mes bonnes amies..... Que diantre! je peux bien vous appeler mes bonnes amies, puisque vous soignez ces enfants et que je n'ai personne au monde que vous qui m'aimiez, et que je n'ai eu de bonheur que chez vous, auprès de vous, et que, si ce n'étaient les convenances et la nécessité de me faire un avenir, je ne bougerais plus d'ici, et que je me ferais votre serviteur, votre défenseur, tout ce que vous voudriez.

MADAME BLIDOT, *souriant*.

Oh! moi d'abord, je ne vous défends pas de nous traiter avec amitié, parce que nous vous aimons bien et que nous sommes bien heureuses de vous revoir! N'est-ce pas, Elfy?

ELFY.

C'est la vérité, mon cher monsieur Moutier ; nous avons bien souvent parlé de vous et désiré votre retour.

MOUTIER.

Merci, mes bonnes amies, merci. Mais il y a quelqu'un que j'oublie dans ma joie de me retrouver ici. Que devient le pauvre Torchonnet?

JACQUES.

Toujours bien malheureux, bien misérable! Depuis trois jours je ne l'ai pas vu; peut-être est-ce parce qu'il a plus à faire. Il est venu ces jours-ci un monsieur à l'auberge de Torchonnet, un beau monsieur dans une

Capitaine est mort! (Page 85.)

belle voiture; il est reparti hier avec sa belle voiture. Ce qui est drôle, c'est que ce monsieur n'est pas sorti une fois de l'auberge; probablement que Torchonnet a été occupé avec lui au dedans.

MOUTIER.

Nous irons faire une reconnaissance de ce côté; mais il faudra la faire habilement, à la tombée du jour, pour que l'ennemi ne nous surprenne pas.

JACQUES.

L'aubergiste n'est pas revenu encore; il ne reste que sa femme.

PAUL.

Et le bon Capitaine, qu'est-il devenu?

MOUTIER.

Capitaine est mort en brave, au siége de Sébastopol, la tête emportée par un boulet, en montant une garde avec moi par vingt degrés de froid.

JACQUES.

Pauvre Capitaine! J'espérais bien le revoir. »

VII

UN AMI SAUVÉ

L'après-midi se passa en conversations et promenades; mais on évita d'aller du côté de l'auberge Bournier. Ce ne fut qu'après le souper, quand il commença à faire nuit, que Moutier, accompagné de Jacques, se dirigea de ce côté pour tâcher d'avoir des nouvelles du pauvre Torchonnet. Ils firent un grand détour pour arriver par les derrières de l'auberge; Moutier marchait, guidé par Jacques, dans les sentiers et les ruelles les plus désertes. Ils arrivèrent ainsi jusqu'aux bâtiments qui servaient de communs. Tout était sombre et silencieux; les portes étaient fermées. Pas moyen de pénétrer dans l'intérieur. Un hangar ouvert leur permit d'approcher; ils y étaient depuis quelques instants, cherchant un moyen d'arriver jusqu'à Torchonnet, lorsqu'une porte de derrière s'ouvrit. Un homme en sortit sans bruit; Moutier reconnut l'aubergiste, faiblement éclairé par la lanterne sourde qu'il tenait à la main. Il se dirigea vers le charbonnier, séparé du hangar par une cloison en planches; il en ouvrit la porte avec précaution et entra.

« Voilà ton souper que je t'apporte, dit-il d'une voix

rude, mais basse. L'étranger est parti ; demain tu reprendras ton ouvrage, et si tu as le malheur de raconter un mot de ce que tu as vu et entendu, de dire à n'importe qui comme quoi tu as été enfermé ici pendant que l'étranger était à l'auberge, je te briserai les os et je te brûlerai à petit feu... Entends-tu ce que je te dis, animal ?

— Oui, monsieur, » répondit la voix tremblante de Torchonnet.

L'aubergiste sortit, referma la porte et rentra dans la maison.

Quand Moutier fut bien assuré qu'on ne pouvait pas l'entendre, il s'approcha de la cloison et dit à Jacques d'appeler Torchonnet à voix basse.

« Torchonnet, mon pauvre Torchonnet, dit Jacques, pourquoi es-tu enfermé dans ce trou noir ?

TORCHONNET.

C'est vous, mon bon Jacques ? Comment avez-vous su que ce méchant homme m'avait enfermé ? Je ne sais pas pourquoi il m'a mis ici.

JACQUES.

Depuis quand y es-tu ?

TORCHONNET.

Depuis le jour où est arrivé un beau monsieur, dans une belle voiture, avec une cassette pleine de choses d'or. Il a eu pitié de moi ; il a dit à mon maître que j'avais l'air malade et malheureux. Il lui a proposé de donner de l'argent pour me placer ailleurs ; mon maître a refusé. Alors ce bon monsieur m'a donné une pièce d'or en me disant d'aller lui acheter pour un franc de tabac et de garder le reste pour moi. Mon maître m'a suivi, m'a arraché la pièce d'or avant que j'eusse seulement eu le temps de sortir dans la rue. J'ai voulu crier ; il m'a saisi par le cou, m'a entraîné dans ce charbonnier et m'a jeté dedans en me disant que, si j'appelais, il me tuerait. Il m'apporte tous les soirs un morceau de pain et une cruche d'eau.

MOUTIER.

Pauvre garçon ! »

La voix de Moutier fit tressaillir Torchonnet.

TORCHONNET.

Mon Dieu ! mon Dieu ! Il y a quelqu'un avec vous, Jacques ? Mon maître le saura ; il dira que j'ai parlé, et il me tuera.

MOUTIER.

Sois tranquille, pauvre enfant ! C'est moi qui t'ai aidé, il y a trois ans, à porter ton sac de charbon ; je suis l'ami, le père de Jacques, et je ne te trahirai pas. Quand le monsieur est-il parti ?

TORCHONNET.

Le maître dit qu'il est parti, mais je ne crois pas ; car j'ai entendu ce soir la voix du monsieur, qui parlait très-haut, puis mon maître qui jurait, et puis beaucoup de bruit comme si on se battait, et puis le frère et la femme de mon maître qui parlaient très-fort, puis rien ensuite, et il est venu m'apporter mon pain. »

Moutier frémissait d'indignation. « Auraient-ils commis un crime ? se demanda-t-il, ou bien se préparent-ils à en commettre un ? Comment faire pour l'empêcher, s'il n'est déjà trop tard ? Tout est fermé... Impossible d'entrer sans faire de bruit... Ce n'est pas que je les craigne ! Avec mon poignard algérien et mes pistolets de poche, j'en viendrais facilement à bout ; mais, si le pauvre étranger vit encore, ils le tueront avant que je puisse briser une porte et entrer dans cette caverne de brigands. Que le bon Dieu m'inspire et me vienne en aide! Chaque minute de retard peut causer la mort de l'étranger. »

Moutier se recueillit un instant et dit à Jacques :

L'aubergiste sortit à pas de loup. (Page 90.)

« Rentre à la maison, mon enfant; tu me gênerais dans ce que j'ai à faire.

JACQUES.

Je ne vous quitterai pas, mon bon ami. Je crois que vous voulez voir s'il y a quelque chose à craindre pour l'étranger, et je veux rester près de vous pour vous venir en aide.

MOUTIER.

Au lieu de m'aider, tu me gênerais, mon garçon. Va-t'en, je le veux... Entends-tu? je te l'ordonne. »

Ces derniers mots furent dits à voix basse comme le reste, mais d'un ton qui ne permettait pas de réplique ; Jacques lui baisa la main et partit. A peine était-il assez éloigné pour qu'on n'entendît plus ses pas, au moment où Moutier allait quitter le hangar sombre qui l'abritait, la porte de l'auberge s'ouvrit encore une fois ; l'aubergiste Bournier sortit à pas de loup, écouta, et, se retournant, dit à voix basse :

« Personne ! pas de bruit ! Dépêchons-nous ; la lune va se lever, et notre affaire serait manquée. »

Il rentra, laissant la porte ouverte ; Moutier s'y glissa après lui, le suivit, et s'arrêta en face d'une chambre dans laquelle entra l'aubergiste. Une faible lumière éclairait cette pièce ; un homme était étendu par terre, garrotté et bâillonné. Le frère et la femme de Bournier le soulevèrent par les épaules, l'aubergiste prit les jambes, et tous trois s'apprêtaient à se mettre en marche, quand Moutier bondit sur eux, et cassa la cuisse de l'aubergiste d'un coup de pistolet, brisa le crâne du frère avec la poignée de ce pistolet, et renversa la femme d'un coup de poing sur la tête. Tous trois tombèrent ; l'aubergiste seul poussa un cri en tombant. Moutier le roula dans un coin, sans avoir égard à ses hurlements, coupa avec son poignard les cordes qui attachaient le malheureux étranger, arracha le mouchoir qui l'étouffait, garrotta l'aubergiste, courut dans la salle d'entrée, ouvrit la porte qui donnait sur la rue et tira un coup de pistolet en l'air en criant:

Tous trois tombèrent. (Page 90.)

« Au voleur! à l'assassin! »

Une douzaine de portes s'ouvrirent, des têtes épouvantées apparurent.

« Par ici, à l'auberge! cria Moutier. Arrivez vite; il n'y a plus de danger. »

Cette assurance donna du courage aux plus hardis. Quelques hommes armés de couteaux et de bâtons se dirigèrent, non sans trembler, vers l'auberge; ils entrèrent avec hésitation dans la salle et se groupèrent près de la porte, n'osant avancer, dans l'incertitude des dangers qu'ils pouvaient courir encore et dans l'ignorance des événements qui se passaient.

Pendant qu'ils hésitaient et se consultaient, Elfy entra précipitamment; elle avait entendu le coup de pistolet, l'appel de Moutier, et accourait en appelant les gens du village pour le secourir, ainsi que Jacques qu'elle croyait encore avec Moutier.

ELFY.

Que se passe-il ici? Pourquoi restez-vous dans la salle? Où est M. Moutier? Pourquoi n'entrez-vous pas dans les appartements.

UN BRAVE.

C'est que voyez-vous, mademoiselle Elfy, on ne sait pas ce qui peut arriver; ce n'est pas prudent de se trop avancer sans savoir à qui on a affaire. Ce Bournier est un mauvais gueux! On n'aime pas à se faire des querelles avec des gens comme ça.

ELFY.

Et vous laissez peut-être égorger quelqu'un de peur d'attraper un coup ou de vous faire un ennemi? Moi, femme, j'aurai plus de courage que vous. »

Elfy, arrachant un couteau des mains d'un des trembleurs indécis, se précipita dans les chambres qui se trouvaient près de la salle en appelant : « Monsieur Moutier, où êtes-vous ? Où est Jacques ? Que vous est-il arrivé ? On vient à votre aide ! » Elle ne tarda pas à entrer dans la pièce où étaient étendus l'aubergiste garrotté, le frère ne donnant aucun signe de vie, la femme évanouie. Moutier jetait de l'eau sur le visage saignant de l'étranger, qui était resté par terre ; il ignorait s'il n'y avait aucune blessure grave et si le sang dont il avait le visage inondé provenait d'une blessure ou d'un fort saignement de nez. A la voix d'Elfy, il se releva, et, allant à elle :

« Ma bonne, ma chère Elfy, je suis désolé de vous voir ici ; n'y restez pas, je vous en prie. Envoyez-moi du monde. Pourquoi êtes-vous venue ?

ELFY.

J'avais entendu le coup de pistolet et votre voix ; je craignais qu'il ne vous fût arrivé malheur, et je suis accourue. Ils sont là dans la salle une douzaine d'hommes, mais ils n'osent pas entrer ; alors je suis venue.

— Sans avoir égard au danger ! Je n'oublierai pas cela, Elfy ! dit Moutier lui serrant affectueusement les mains. Non, jamais !... Mais, puisque vous voilà, appelez-moi du monde ; il faut soigner ces gueux-là, aller chercher les gendarmes et tirer d'ici ce pauvre monsieur qu'ils ont voulu tuer pour le voler sans doute. J'avais renvoyé Jacques près de vous avant d'entrer. »

Elfy, sans faire de questions, retourna à la salle, dit brièvement aux hommes ce que Moutier leur demandait, et retourna en toute hâte à l'*Ange-Gardien* pour rassurer sa sœur, qui était restée avec Paul. Elfy rencontra à la porte de l'auberge de Bournier le petit Jacques qui accourait aussi tout effrayé ; il avait entendu le coup de pistolet, et il se dépêchait d'arriver au secours de son ami. Il avait été retardé par le chemin plus long qu'il avait dû prendre pour revenir au village. Elfy lui expliqua en peu de mots ce qui venait d'arriver, et le ramena avec elle, pensant qu'il gênerait Moutier plus qu'il ne lui servirait.

Les hommes qu'Elfy avait trouvés tremblants dans la salle de l'auberge déployèrent un courage héroïque, aussitôt qu'ils eurent appris par Elfy où en étaient les choses et le genre de secours que leur demandait Moutier. Ils se lancèrent bruyamment dans la chambre où gisaient les blessés, et s'empressèrent d'offrir au vainqueur l'aide de leurs bras pour terrasser ses ennemis.

MOUTIER.

Quant à cela, Messieurs, je ne vous ai pas laissé d'ouvrage, les voilà tous par terre ; mais il faut que vous m'aidiez à les loger, aux frais de l'État, dans la prison de la ville la plus proche. Je ne suis ici qu'en passant ; je n'y connais personne. Et puis vous voudrez bien, quelques-uns de vous, m'aider à transporter le pauvre étranger qu'ils ont voulu égorger et qui n'a pas encore repris connaissance ; pour celui-là, c'est un médecin qu'il faut et de bons soins. »

Les vaillants habitants se mirent à la disposition de Moutier, dont l'habit militaire, la croix et les galons de sergent les disposaient au respect. Il en dépêcha deux à la ville pour requérir les gendarmes ; il donna à quatre autres la garde des malfaiteurs, avec injonction de garrotter la femme et son frère. Il en envoya un demander à madame Blidot si elle pouvait recevoir l'étranger, et il garda les autres pour l'aider à faire revenir le blessé et pour aller délivrer Torchonnet dont il indiqua la prison. Madame Blidot ne fit pas attendre la réponse.

« Tout ce que vous voudrez et quand vous voudrez,

vous fait dire madame Blidot, monsieur le sergent. Tout sera prêt pour recevoir votre monsieur. »

Moutier posa un matelas par terre, étendit dessus l'étranger; aidé de trois hommes vigoureux, il l'emporta ainsi et le déposa chez madame Blidot, dans la chambre et sur le lit qu'elle leur indiqua. Elle aida Moutier à lui enlever ses vêtements, à laver le sang figé sur son visage et qui le rendait méconnaissable. Quand il fut bien nettoyé, Moutier le regarda; il poussa une exclamation de surprise.

« Quelle chance, ma bonne madame Blidot ! Savez-vous qui je viens de sauver du couteau de ces coquins? Mon pauvre général prisonnier ! c'est lui ! Comment diantre a-t-il été se fourrer par là? Le voilà qui ouvre les yeux; il va revenir tout à fait. »

En effet, le général reprenait connaissance, regardait autour de lui, cherchait à se reconnaître; il examinait madame Blidot. Il ne voyait pas encore Moutier, qui s'était effacé derrière le rideau du lit; mais quand le général demanda : « Où suis-je? Qu'est-il arrivé? » Moutier se montra et, lui prenant la main :

« Vous êtes ici chez mes bonnes amies, mon général. Le brigand chez lequel vous étiez descendu a la cuisse cassée, son frère a le crâne défoncé, et la femme a reçu un coup d'assommoir dont il lui restera quelque chose si elle en revient.

LE GÉNÉRAL.

Comment ! encore vous, mon brave Moutier ? C'est pour vous que je suis venu me fourrer dans ce guêpier, et c'est vous qui m'en tirez, qui êtes encore une fois mon brave sauveur ?

MOUTIER.

Trop heureux, mon général, de vous avoir rendu ce

Aidé de trois hommes vigoureux, il l'emporta. (Page 95.)

petit service. Mais comment est-ce pour moi que vous avez pris vos quartiers chez ces coquins? »

Avant de répondre, le général demanda un verre de vin; il l'avala, se sentit remonté et dit à Moutier:

« Vous m'aviez dit que vous vouliez passer par ici pour voir vos bonnes amies et les enfants; j'ai voulu vous épargner la route par étapes d'ici jusqu'aux eaux de Bagnoles, et je suis venu vous attendre chez ce scélérat qui a si bien manqué m'égorger.

MOUTIER.

Comment ont-ils fait pour s'emparer de vous? Et pourquoi voulaient-ils vous tuer?

LE GÉNÉRAL.

Nous avons eu une querelle au sujet d'un pauvre petit diable qui avait l'air si malheureux, si malade, si terrifié, que j'en ai eu compassion. Je lui ai donné une commission et vingt francs pour en payer un, le surplus pour lui. Le fripon d'aubergiste a volé les vingt francs, car je n'ai plus revu l'enfant. Je lui en ai reparlé le lendemain. J'ai su que l'enfant était le fils d'une mendiante, qui l'a laissé à l'aubergiste pour l'aider dans son ouvrage; j'ai vu que l'enfant devait être traité fort durement. J'ai demandé à payer son apprentissage quelque part; le coquin a refusé. J'ai dit que j'irais le demander au maire de l'endroit; il est entré en colère et m'a parlé grossièrement. J'avais eu la sottise de lui laisser voir ma bourse pleine d'or, des billets de banque et des bijoux dans ma cassette, et je lui dis qu'il avait perdu par sa grossièreté une bonne occasion d'avoir quelques milliers de francs. Il s'est radouci, m'a dit qu'il acceptait le marché; j'ai refusé à mon tour, et j'ai tout remis dans ma cassette. L'homme m'a lancé un regard de démon et s'en est allé. Une heure après, la femme m'a fait passer dans une petite salle éloignée et m'a apporté mon déjeuner; le mari est rentré comme je finissais. Je n'y ai pas fait attention. J'ai entendu qu'en sortant, ils fermaient la porte à double tour. J'ai sauté sur la porte,

Pas moyen de sauter dehors. (Page 100.)

j'ai secoué, j'ai poussé, j'ai appelé; personne et pas moyen d'ouvrir. J'ai été à la fenêtre, j'ai ouvert; pas moyen de sauter dehors : des barreaux de fer énormes et serrés à n'y pas passer un écureuil. J'ai crié comme un sourd, mais aussitôt les volets se sont fermés; j'ai entendu barricader au dehors. Pour le coup, la peur m'a pris ; j'étais là comme dans une souricière. Pas d'armes ! je n'en avais pas sur moi, et ils avaient enlevé le couvert et les couteaux. Je criais ; c'est comme si j'étais resté muet. Personne ne m'entendait. Que faire ? Attendre ? C'est ce que j'ai fait. Il faudra bien qu'ils m'apportent à manger, pensais-je ; en me mettant près de la porte, je m'élancerai dehors dès qu'elle sera entr'ouverte. J'attendis longtemps, et, quand on vint, ce ne fut pas la porte qui s'entr'ouvrit, mais le volet ; on me passa des tranches de pain.

« Il y a de l'eau dans la carafe, » dit la voix de l'aubergiste, et le volet se referma.

« Je restai ainsi deux jours fatigué à mourir, n'ayant qu'une chaise pour me reposer, du pain et de l'eau pour me nourrir, horriblement inquiet de ce qui allait m'arriver ; je bouillonnais quand je pensais que vous étiez peut-être ici, à cinq cents pas de moi et ne pouvant me porter secours. Enfin, le troisième jour, j'entendis un mouvement inaccoutumé du côté de la porte ; je repris mon poste, prêt à me jeter sur le premier qui paraîtrait. En effet, j'entends approcher, la clef tourne dans la serrure, la porte s'ouvre lentement ; l'obscurité de ma prison ne leur permettait pas de me voir. J'attends que l'ouverture de la porte soit assez large pour me laisser passer, et je me lance sur celui qui entre ; je reçois un coup de poing dans le nez. Le sang jaillit et me gêne la vue, ce qui ne m'empêche pas de chercher à me faire jour ; mais ils étaient plusieurs, à ce qu'il paraît, car je sentais les coups tomber comme grêle sur ma tête, sur mon dos et surtout sur mon visage. Le sang m'aveuglait ; je ne voyais plus où j'étais. J'appelle, je crie au secours ; les coquins jurent comme des templiers et parviennent enfin à me jeter par terre. L'un d'eux saute sur ma poitrine, pendant que d'autres me garrottent les pieds, les mains, et m'enfoncent dans la bouche un mouchoir qui m'étouffait. J'ai bientôt perdu connaissance, et je ne sais pas comment j'ai été délivré ni comment vous avez pu deviner le danger où je me trouvais.

MOUTIER.

Je vous raconterai cela, mon général, quand vous vous serez reposé ; vous avez l'air fatigué. Il vous faut un médecin, et je vais l'aller chercher.

LE GÉNÉRAL.

Je ne veux rien que du repos, mon ami. Pas de médecin, pour l'amour de Dieu ! Laissez-moi dormir. La pensée que je me trouve ici, chez vos bonnes amies et près de vous, me donne une satisfaction et un calme dont je veux profiter pour me reposer. A demain, mon brave Moutier, à demain. »

Le général avala un second verre de vin, tourna la tête sur l'oreiller et s'endormit.

VIII

TORCHONNET PLACÉ.

Madame Blidot et Moutier restèrent quelques instants près du général; mais, le voyant si calme, madame Blidot dit :

« Je vais rester près de lui un peu de temps pour voir si le sommeil n'est pas agité, cher monsieur Moutier, tout en nettoyant et rangeant la chambre. Et vous, allez voir ce que deviennent là-bas ces brigands de Bournier.

MOUTIER.

Vous avez raison, ma bonne madame Blidot. Où est mon pauvre Jacques?

MADAME BLIDOT.

Avec Elfy, sans doute; vous les trouverez dans la salle. »

Moutier sortit, ferma la porte et entra dans la salle. Elfy y était avec les enfants. Jacques se précipita au-devant de Moutier.

« Comme j'ai eu peur pour vous, mon cher bon ami. Quand j'ai entendu le coup de pistolet, j'ai cru qu'on vous avait tué. »

Moutier se baissa vers Jacques, l'embrassa à plusieurs reprises, puis, s'approchant d'Elfy, il lui prit les mains et les serra en souriant. Elfy le regardait avec une joyeuse satisfaction.

ELFY.

Et moi donc ! quelle peur j'ai eue aussi, moi !

MOUTIER.

Une peur qui vous a donné le courage de tout braver. Vous, vous n'avez pas hésité un instant ! Votre air intrépide, lorsque vous êtes entrée, m'a inspiré un véritable sentiment d'admiration, et de reconnaissance aussi, soyez-en certaine.

ELFY.

Je suis bien heureuse que vous soyez content de moi, cher monsieur Moutier. J'avais bien peur d'avoir fait une sottise. »

Moutier sourit.

« Il faut que j'aille voir là-bas ce qui se passe, dit-il ; je tâcherai d'abréger le plus possible, et je verrai ce que devient le pauvre Torchonnet.

JACQUES.

Voulez-vous que j'aille avec vous, mon bon ami ? Cette fois, il n'y aura pas de danger.

MOUTIER.

Je veux bien, mon garçon ; mais que ferons-nous de Torchonnet ? Si nous le menions chez le curé ?

ELFY.

Pourquoi ne l'amèneriez-vous pas ici ?

MOUTIER.

Parce que votre maison n'est pas une maison de refuge, ma bonne Elfy ; d'ailleurs savons-nous ce qu'est ce malheureux garçon, et si sa société ne serait pas dangereuse pour les nôtres ? Si le curé veut bien le garder, c'est tout ce qui pourrait lui arriver de plus heureux, et ce serait un moyen de le rendre bon garçon, s'il ne l'est pas encore, et plus tard un brave homme, un bon chrétien.

ELFY.

Vous avez raison, toujours raison. A revoir donc, et ne soyez pas trop longtemps absent.

MOUTIER.

Le moins que je pourrai. Viens, Jacquot; à bientôt, Elfy. »

Moutier sortit, tenant Jacques par la main. En en-

Un craquement se fit entendre. (Page 106.)

trant dans l'auberge Bournier, ils entendirent un concert de gémissements, d'imprécations et de jurements; les blessés avaient repris connaissance; les braves du village les avaient déjà garrottés et les gardaient en se promenant devant eux en long et en large; ils répondaient par des jurons et des coups de pied aux injures que leur prodiguaient les prisonniers. Quand Moutier entra dans la salle, il demanda si Torchonnet avait été délivré; on l'avait oublié, et Moutier alla avec Jacques ouvrir la porte du charbonnier; mais la clef n'y était pas. Jacques voulait aller la chercher dans les poches de l'aubergiste.

« Pas la peine, mon ami; je me passe de clef; tu vas voir comment. »

Moutier donna un coup d'épaule à la porte : elle résista ; il donna une seconde secousse : un craquement se fit entendre et la porte tomba dans le charbonnier. Torchonnet eut une peur épouvantable ; il n'osait pas sortir du coin où il s'était réfugié. Jacques le rassura en lui expliquant pourquoi Moutier avait brisé la porte, et comme quoi le méchant Bournier allait être mis en prison par les gendarmes, qu'on attendait. Torchonnet ne pouvait croire à sa délivrance et à l'arrestation de son méchant maître. Dans sa joie, il se jeta aux genoux de Moutier et de Jacques et voulut les leur baiser ; Moutier l'en empêcha.

« C'est le bon Dieu qu'il faut remercier, mon garçon ; c'est lui qui t'a sauvé.

TORCHONNET.

Je croyais que c'était vous, Monsieur, avec le bon Jacques.

MOUTIER.

Je ne dis pas non, mon ami, mais c'est tout de même le bon Dieu qu'il faut remercier. Tu ne comprends pas, je le vois bien, mais un jour tu comprendras. Suis-nous, je vais te mener chez M. le curé.

TORCHONNET, *joignant les mains.*

Oh, non ! non, pas le curé ! pas le curé ! grâce, je vous en supplie !

MOUTIER.

Pourquoi cette peur de M. le curé ? Que t'a-t-il fait ?

TORCHONNET.

Il ne m'a rien fait, parce que je ne l'ai jamais approché; mais, s'il me touchait, il me mangerait tout vivant.

MOUTIER.

En voilà une bonne bêtise! Qui est-ce qui t'a conté ces sornettes?

TORCHONNET.

C'est mon maître, qui m'a bien défendu de l'approcher pour ne pas être dévoré.

JACQUES.

Ha! ha! ha! Et moi qui y vais tous les jours, suis-je dévoré?

TORCHONNET.

Vous? vous osez?... Comment que ça se fait donc?

MOUTIER.

Ça se fait que ton maître est un mauvais gueux, un gredin, qui avait peur que le curé ne vînt à ton secours, et qui t'a fait croire que, si tu lui parlais, il te mangerait. Voyons, mon pauvre garçon, pas de ces sottises, et suis-moi. »

Torchonnet suivit Moutier et Jacques avec répugnance. Moutier traversa l'auberge, lui fit voir son maître garrotté ainsi que sa femme et le frère, puis il sortit et alla au presbytère.

La porte était fermée parce qu'il se faisait un peu tard. Moutier frappa. Le curé vint ouvrir lui-même. Il reconnut Moutier.

LE CURÉ.

Bien le bonjour, mon bon monsieur Moutier; vous voilà de retour? Depuis quand?

MOUTIER.

Depuis ce matin, monsieur le Curé, et voilà que je viens vous proposer une bonne œuvre.

LE CURÉ.

Très-bien, monsieur Moutier, disposez de moi, je vous prie.

MOUTIER.

Monsieur le Curé, c'est qu'il s'agit de donner pour un temps le logement et la nourriture à ce pauvre petit que voilà. »

Moutier présenta Torchonnet tremblant.

LE CURÉ.

Son maître lui a donc rendu la liberté ? C'est la seule bonne œuvre qu'il ait faite à ma connaissance. Cet enfant a bien besoin d'être instruit. Il y a longtemps que j'aurais voulu l'avoir, mais il n'y avait pas moyen de l'approcher. »

Le curé voulut prendre la main de Torchonnet, qui la retira en poussant un cri.

« Eh bien ! qu'y a-t-il donc ? dit le curé surpris.

MOUTIER.

Il y a, monsieur le Curé, que ce nigaud se figure que vous allez le dévorer à belles dents. C'est son diable d'aubergiste qui lui a fait cette sotte histoire pour l'empêcher d'avoir recours à vous.

— Mon pauvre garçon, dit le curé en riant, sois bien tranquille, je me nourris mieux que cela ; tu serais un mauvais morceau à manger. Tous les enfants du village viennent chez moi, et je n'en ai mangé aucun, pas même les plus gras ; demande plutôt à Jacques.

JACQUES.

C'est ce que je lui ai déjà dit, monsieur le Curé, quand il nous a dit cette drôle de chose. Tiens, vois-tu, Torchonnet ? je n'ai pas peur de M. le curé. »

Et Jacques, prenant les mains du curé, les baisa à plusieurs reprises. Torchonnet ne le quittait pas des yeux; il avait encore l'air effrayé, mais il ne cherchait plus à se sauver.

LE CURÉ.

Il s'agit donc de garder cet enfant un bout de temps.

Eh bien, qu'y a-t-il donc? dit le curé surpris. (Page 108.)

monsieur Moutier? Mais comment son maître va-t-il prendre la chose? »

Moutier lui raconta les événements qui venaient de se passer. Le curé accepta la charge de cet enfant abandonné. Il appela sa servante, lui remit Torchonnet en lui recommandant de le faire souper et de lui arranger un lit dans un cabinet quelconque.

« A présent, dit-il, je vais aller faire une visite aux blessés pour tâcher de les ramener à de meilleurs sentiments. A demain, mon bon monsieur Moutier ; j'irai vous voir à l'*Ange-Gardien*. »

Et le curé sortit avec Moutier et Jacques. Les deux derniers traversèrent la rue pour rentrer chez eux. Ils trouvèrent madame Blidot et Elfy qui les attendaient avec impatience.

« Viens vite te coucher, mon Jacquot, dit madame Blidot ; Paul dort déjà.

— Adieu, maman, adieu, ma tante, adieu, mon bon ami, dit Jacques en les embrassant tous affectueusement.

MADAME BLIDOT.

Quels aimables enfants vous nous avez donnés, mon cher monsieur Moutier ! Si vous saviez la tendresse que j'ai pour eux et combien notre vie est changée et embellie par eux !

MOUTIER.

Et pour eux quelle bénédiction d'être chez vous, mes bonnes et chères amies ! Quels soins maternels ils reçoivent ! Comme on est heureux sous votre toit !

MADAME BLIDOT.

Pourquoi n'y restez-vous pas, puisque vous trouvez qu'on y est si bien ?

MOUTIER.

Un homme de mon âge ne doit pas vivre inutile, à fainéanter. Avant tout, pour le moment, il faut que j'aille aux eaux de Bagnoles, pour bien guérir ma blessure, mal fermée encore.

ELFY.

Oui, c'est bien pour le moment ; et après ?

MOUTIER.

Après ? Je ne sais. Je verrai ce que j'ai à faire. A la grâce de Dieu !

ELFY.

Vous ne vous engagerez plus, j'espère ?

MOUTIER.

Peut-être oui, peut-être non ; je ne sais encore.

ELFY.

Vous ne vous engagerez toujours pas sans m'en parler, et nous verrons bien si vous aurez le cœur de me causer du chagrin.

MOUTIER.

Ce ne sera pas moi qui vous causerai jamais du chagrin volontairement, ma chère Elfy.

ELFY.

Bon ! alors je suis tranquille, vous ne vous engagerez pas. »

Les deux sœurs et Moutier prolongèrent un peu la soirée. Moutier et madame Blidot allaient voir de temps à autre si le général n'avait besoin de rien. Voyant qu'il dormait toujours, ils parlèrent d'aller se coucher ; Moutier dit qu'il passerait la nuit sur une chaise pour veiller le général. Elfy et madame Blidot se récrièrent et lui déclarèrent qu'elles ne le souffriraient pas. Pendant que madame Blidot débattait la chose avec Moutier, Elfy disparut et rentra bientôt avec un matelas, qu'elle jeta par terre pour courir en chercher un autre.

« Elfy ! Elfy ! cria Moutier, que faites-vous ? Pourquoi vous fatiguer ainsi ? Je ne le veux pas. »

Elfy revint avec un second matelas qu'elle jeta sur Moutier qui voulait l'en débarrasser, et disparut de nouveau en courant.

« C'est trop fort! dit Moutier. Va-t-elle en apporter une demi-douzaine ? »

Et il courut après elle pour l'empêcher de dévaliser les lits de la maison. Il la rencontra portant un traversin, un oreiller, une couverture et des draps. Après un débat assez vif, il parvint à lui tout enlever, et descendit accompagné par elle jusque dans la salle.

« Si ce n'est pas honteux pour un soldat, dit-il, de se faire un lit comme pour un prince! »

Tout en causant et riant, le lit se faisait. Moutier serra les mains de ses amies, en leur disant adieu, et chacun alla se coucher.

IX

LE GÉNÉRAL ARRANGE LES AFFAIRES DE MOUTIER.

Le général dormit comme un loir jusqu'à une heure assez avancée de la matinée, de sorte que Moutier, qui s'attendait à passer une mauvaise nuit, fut très-surpris à son réveil de voir le grand jour. Il sauta à bas de son lit, se débarbouilla et s'habilla à la hâte; il entendit l'horloge sonner six heures. N'entendant pas de bruit chez le général, il y entra doucement et le trouva dans la même position dans laquelle il l'avait laissé endormi la veille; il aurait pu le croire privé de vie, si la respiration bruyante et l'attitude calme du malade ne l'eussent entièrement rassuré. Il ressortit aussi doucement qu'il était entré, rentra dans la salle, roula et rangea son lit improvisé, n'oublia pas la prière du bon père Parabère et alluma le feu pour en épargner la peine à ses hôtesses. Il donna un coup de balai, nettoya, rangea tout et attendit. A peine fut-il installé sur une chaise en face de l'escalier qu'il entendit des pas légers; on descendait bien doucement; c'était Elfy; elle lui dit un bonjour amical.

ELFY.

Je craignais que vous ne fussiez encore endormi; vous aviez l'air fatigué hier.

MOUTIER.

Mais j'ai dormi comme un prince dans ce lit de prince, ma bonne Elfy, et je me sens reposé et heureux, et prêt à vous obéir.

ELFY.

Vous dites toujours comme cela, comme si je vous commandais en tyran.

Il donna un coup de balai! (Page 113.)

MOUTIER.

C'est que je voudrais toujours vous être utile et vous épargner tout travail, toute fatigue.

ELFY.

Et c'est pour cela que vous avez si proprement roulé vos matelas, et tout rangé dans ce coin juste en face de la porte d'entrée?... C'est très-bien roulé, ajouta-t-elle

en s'approchant et en l'examinant....., très-bien.....
mais il faut tout défaire.

MOUTIER.

Et pourquoi cela, s'il vous plaît ?

ELFY.

Parce qu'un lit, roulé ou pas roulé, ne peut pas rester

C'était Elfy. (Page 113.)

dans la salle où tout le monde entre et où nous nous tenons toute la journée, et je vais l'emporter.

MOUTIER.

Vous ! Je voudrais bien voir cela ; dites-moi où il faut le mettre.

ELFY.

Dans cette chambre ici à côté; ça fait que nous n'aurons pas à le descendre ce soir, si vous voulez encore coucher près du général. »

Moutier prit le lit tout roulé et le porta dans la chambre indiquée par Elfy; après l'avoir posé dans un coin, il regarda tout autour de lui.

« La jolie chambre ! dit-il. Un papier tout frais ! Des meubles neufs ! Et quelques livres. Rien n'y manque, ma foi. Chambre soignée, on peut bien dire.

ELFY.

C'est qu'elle vous est destinée. Nous n'y avons encore mis personne, et nous l'appelons : chambre de notre ami Moutier. C'était un souvenir pour vous et de vous. Jacques va quelquefois balayer, essuyer là dedans, et il dit toujours avec un soupir : « Quand donc notre « bon ami Moutier y sera-t-il ? »

Avant que Moutier eût le temps de remercier Elfy, Jacques et Paul se précipitèrent dans la salle et dans les bras de Moutier.

« Ah ! vous voilà enfin dans votre chambre, dit Jacques. Restez-y, mon ami, mon bon ami. Restez : nous serions tous si heureux !

MOUTIER.

Impossible, mon enfant ! Je ne servirais qu'à gêner votre maman et votre tante.

JACQUES.

Gêner ! Ah ! par exemple ! Elles ont dit je ne sais combien de fois que vous leur seriez bien utile, et que vous êtes si bon et si obligeant qu'elles seraient enchantées de vous avoir toujours.

MOUTIER.

Très-bien, mon ami, je te remercie des bonnes paroles que tu me dis, et quand j'aurai fait un peu fortune, je serai aussi bien heureux ici. Mais je ne suis qu'un pauvre soldat sans le sou et je ne peux pas rester où je ne puis pas gagner ma vie. »

Moutier embrassa encore Jacques, et sortit de la jolie chambre pour rentrer chez le général. Elfy s'occupa du déjeuner : elle cassa du sucre, passa le café et alla chercher du lait à la ferme.

Le général était éveillé, et, sauf quelques légères douleurs à son nez et à ses yeux pochés, il se sentait très-bien et ne demandait qu'à manger.

« Trois jours au pain et à l'eau, dit-il, m'ont diablement mis en appétit, et, si vous pouviez m'avoir une tasse de café au lait, vous me feriez un sensible plaisir.

MOUTIER.

Tout de suite, mon général ; on va vous en apporter avant dix minutes. »

Moutier rentra dans la salle au moment où Elfy rentrait aussi avec une jatte de lait. Elfy avait l'air triste et ne disait rien. Moutier lui demanda du café pour le général ; elle le mit au feu sans répondre.

MOUTIER.

Elfy, qu'avez-vous ? Pourquoi êtes-vous triste ?

ELFY.

Parce que je vois que vous ne tenez pas à nous et que vous ne vous inquiétez pas de nous voir du chagrin, à Jacques et à moi.

MOUTIER.

J'avoue que le chagrin de Jacques, qui est ici heureux comme un roi, ne m'inquiète guère ; mais le vôtre, Elfy, me va au fond du cœur. Je vous jure que, si j'avais de quoi vivre sans vous être à charge, je serais le plus heureux des hommes, parce que je pourrais alors espérer ne jamais vous quitter, ma chère, excellente amie ; mais vous comprenez que je ne pourrais rester avec vous que si je vous étais attaché par les liens de la parenté... ou... du mariage... et... »

Elfy leva les yeux, sourit et dit :

« Et vous n'osez pas, parce que vous êtes pauvre et que je suis riche ? Est-ce votre seule raison ?

MOUTIER.

La seule, je vous l'affirme. Ah ! si j'avais de quoi vous faire un sort, je serais tellement heureux que je n'ose ni ne veux y penser. Sans amis, sans aucun attachement dans le monde, m'unir à une douce, pieuse, charmante femme comme vous, Elfy ; vivre auprès d'une bonne et aimable femme comme votre sœur ; avoir une position occupée comme celle que j'aurais ici, ce serait trop de bonheur !

ELFY.

Et pourquoi le rejeter quand il s'offre à vous ? Vous nous appelez vos amies ; vous êtes aussi notre ami : pourquoi penser à votre manque de fortune quand vous pouvez, en partageant la nôtre, nous donner ce même bonheur qui vous manque ? Et ma sœur qui vous aime tant, et le pauvre Jacques, nous serions tous si heureux ! Mon ami, croyez-moi, restez, ne nous quittez pas. »

Moutier, fort ému, hésitait à répondre, quand le général, qui s'était impatienté d'attendre et qui était entré depuis quelques instants dans la salle, s'approcha de Moutier et d'Elfy sans qu'ils l'aperçussent, et, enlevant Elfy dans ses bras, il la poussa dans ceux de Moutier en disant :

« C'est moi qui vous marie ! Que diable ! ne suis-je

pas là, moi? Ne puis-je pas doter mon sauveur, deux fois mon sauveur? Je lui donne vingt mille francs; il ne fera plus de façons, j'espère, pour vous accepter.

MOUTIER.

Mon général, je ne puis recevoir une somme aussi considérable! Je n'ai aucun droit sur votre fortune.

LE GÉNÉRAL.

Aucun droit! mais vous y avez autant de droit que moi, mon ami. Sans vous, est-ce que j'en jouirais encore? Vous parlez de somme considérable! Est-ce que

Est-ce que je ne vaux pas vingt mille francs?

je ne vaux pas dix mille francs, moi? Ne m'avez-vous pas sauvé deux fois? Deux fois dix mille, cela ne fait-il pas vingt? Oseriez-vous me soutenir que c'est me payer trop cher, que je vaux moins de vingt mille francs? Que diable! on a son amour-propre aussi; on ne peut pas se laisser taxer trop bas non plus. »

Elfy riait, et Moutier souriait de la voir rire et de la colère du général.

MOUTIER.

J'accepte, mon général, dit-il enfin. Le courage me manque pour laisser échapper cette chère Elfy, que vous me donnez si généreusement.

— C'est bien heureux! dit le général en s'essuyant le front. Vous convenez enfin que je vaux vingt mille francs!

MOUTIER.

Oh! mon général! ma reconnaissance.....

LE GÉNÉRAL.

Ta, ta, ta, il n'y a pas de reconnaissance! Je veux être payé par l'amitié du ménage, et je commence par embrasser ma nouvelle petite amie. »

Le général saisit Elfy et lui donna un gros baiser sur chaque joue. Elfy lui serra les mains.

ELFY.

Merci, général, non pas des vingt mille francs que vous donnez si généreusement à..... à..... comment vous appelez-vous? dit-elle à Moutier, en se retournant vers lui.

— Joseph, répondit-il en souriant.

— A Joseph alors, continua Elfy riant; mais je vous remercie de l'avoir décidé à... Ah! mon Dieu! et moi qui n'ai rien dit à ma sœur! je m'engage sans seulement la prévenir. »

Elfy partit en courant. Le général restait la bouche ouverte, les yeux écarquillés.

LE GÉNÉRAL.

Comment! Qu'est-ce que c'est? Sa sœur ne sait rien, et elle-même se marie sans seulement connaître votre nom!

MOUTIER, *riant.*

Faites pas attention, mon général, tout ça va s'arranger.

LE GÉNÉRAL.

S'arranger! s'arranger! Je n'y comprends rien, moi. Mais ce que je vois, c'est qu'elle est charmante.

MOUTIER.

Et bonne, et sage, et pieuse, courageuse, douce.

LE GÉNÉRAL.

Etc., etc. Nous connaissons ça, mon ami. Je ne suis pas né d'hier. J'ai été marié aussi, moi! une femme adorable, douce, bonne!... Quel démon, sapristi! Si j'avais pu me démarier un an après, j'aurais sauté pardessus mon clocher dans ma joie.

MOUTIER, *vivement.*

J'espère, mon général, que vous n'avez pas d'Elfy l'opinion?...

LE GÉNÉRAL, *riant.*

Non, parbleu! Un ange, mon ami, un ange. »

Moutier ne savait trop s'il devait rire ou se fâcher; l'air heureux du général et sa face bouffie et marbrée lui ôtèrent toute pensée d'irritation, et il se borna à dire gaiement :

« Vous nous reverrez dans dix ans, mon général, et vous nous retrouverez aussi heureux que nous le sommes aujourd'hui.

LE GÉNÉRAL, *avec émotion.*

Que Dieu vous entende, mon brave Moutier! Le fait est que la petite est vraiment charmante et qu'elle a une physionomie on ne peut plus agréable. Je crois comme vous que vous serez heureux; quant à elle, je réponds de son bonheur ; oui, j'en réponds ; car, depuis plusieurs mois que nous sommes ensemble... »

Le général n'acheva pas, et serra fortement la main de Moutier. Madame Blidot entrait à ce moment, suivie d'Elfy et des enfants. Moutier courut à madame Blidot et l'embrassa affectueusement.

MOUTIER.

Pardon, ma chère, mon excellente amie, de m'être emparé d'Elfy sans attendre votre consentement. C'est le général qui a brusqué la chose!

MADAME BLIDOT.

J'espérais ce dénoûment pour le bonheur d'Elfy. Dès votre premier séjour, j'ai bien vu que vous vous conveniez tous les deux; votre seconde, votre troisième visite et vos lettres ont entretenu mon idée; vous y parliez toujours d'Elfy; quand vous êtes revenu, les choses se sont prononcées, et l'équipée d'Elfy, lorsqu'elle vous a cru en danger, disait clairement l'affection qu'elle a pour vous. Vous ne pouviez pas vous y tromper.

MOUTIER.

Aussi ne m'y suis-je pas trompé, ma chère sœur, et c'est ce qui m'a donné le courage d'expliquer comme quoi j'y pensais, mais que j'étais arrêté par mon manque de fortune; mon bon général y a largement pourvu. Et me voici bientôt votre heureux frère, dit-il en embrassant encore madame Blidot; et votre très-heureux mari et serviteur, ajouta-t-il en se tournant vers Elfy.

— Mon bon ami, mon bon ami, s'écria Jacques à son tour, je suis content, je suis heureux! Vous garderez votre belle chambre et vous resterez toujours avec nous ! Et ma tante Elfy ne sera plus triste ! Elle pleurait, ce matin, je l'ai bien vue !

— Chut, chut, petit bavard ! dit Elfy en l'embrassant, ne dis pas mes secrets.

JACQUES.

Je peux bien les dire à mon bon ami, puisqu'il est aussi le vôtre.

LE GÉNÉRAL.

Ah ça ! déjeunerons-nous enfin ? Je meurs de faim, moi ! Vous oubliez tous que j'ai été pendant deux jours au pain et à l'eau, et que l'estomac me tiraille que je n'y tiens pas. Je n'ai pas une Elfy, moi, pour me tenir lieu de déjeuner, et je demande mon café.

MADAME BLIDOT.

Le voici tout prêt. Mettez-vous à table, général.

« Pardon, Elfy, c'est moi qui sers à partir d'aujourd'hui, dit Moutier en enlevant le plateau des mains d'Elfy, vous m'en avez donné le droit.

— Faites comme vous voudrez, puisque vous êtes le maître, répondit Elfy en riant.

— Le maître-serviteur, reprit Moutier.

— Comme moi, général-prisonnier, dit le général avec un soupir.

MOUTIER.

Ce ne sera pas long, mon général : la paix se fait, et vous retournerez chez vous.

LE GÉNÉRAL.

Ma foi, mon ami, j'aimerais autant rester ici pendant un temps.

MOUTIER.

Vous assisterez à mon mariage, général.

LE GÉNÉRAL.

Je le crois bien, parbleu ! C'est moi qui ferai les frais de la noce. Et un fameux repas que je vous donnerai ! Tout de chez Chevet. Vous ne connaissez pas ça ; mais moi, qui suis venu plus d'une fois à Paris, je le connais, et je vous le ferai connaître. »

X

A QUAND LA NOCE ?

Le général commençait à satisfaire son appétit; il fit connaissance avec les enfants, qu'il prit fort en gré et avec lesquels il sortit après le déjeuner. Jacques le mena voir Torchonnet chez le curé. Mais Torchonnet avait subi un changement qui ne lui permettait plus de conserver son nom. La servante du curé, très-bonne femme, et qui plaignait depuis longtemps le pauvre enfant, l'avait nettoyé, peigné; elle s'était procuré du linge blanc, un pantalon propre, une blouse à ceinture, de gros souliers de campagne. Le curé l'avait baptisé et lui avait donné le nom de Pierre. Toute crainte avait disparu: Pierre Torchonnet avait l'air enchanté, et ce fut avec une grande joie qu'il vit arriver Jacques et le général. Ce dernier apprit, en questionnant Torchonnet, combien Jacques avait été bon pour lui, et la part que lui et Moutier avaient prise à sa délivrance. Le général écoutait, questionnait, caressait Jacques, serrait les mains du curé.

LE GÉNÉRAL.

Monsieur le Curé, je ne connais pas un homme qui eût fait ce que vous faites pour ce garçon, et pas un qui eût donné à Jacques l'instruction et l'éducation que vous lui avez données. Vous êtes un bon, un estimable curé : je me plais à le reconnaître.

LE CURÉ.

J'ai été si bien secondé par madame Blidot et son excellente sœur, que je ne pouvais faire autrement que de réussir.

LE GÉNÉRAL.

A propos de la petite sœur, je la marie.

LE CURÉ.

Vous la mariez? Elfy ! pas possible !

LE GÉNÉRAL.

Et pourtant, c'est comme ça ! C'est moi qui dote le marié ; ce nigaud ne voulait pas, parce qu'elle a quelque chose et qu'il n'a rien. J'ai trouvé la chose si bête, que je me suis fâché, et que je lui ai donné vingt mille francs pour en finir. C'est lui maintenant qui est le plus riche des deux. Bonne farce, ça !

LE CURÉ, *souriant.*

Mais qui donc Elfy peut-elle épouser? Elle refusait tous les jeunes gens qui se présentaient ; et quand nous la grondions, sa sœur et moi, de se montrer si difficile, elle répondait toujours : « Je ne l'aime pas. » Et si j'insistais : « Je le déteste. » Puis elle riait et assurait qu'elle ne se marierait jamais.

LE GÉNÉRAL.

Il ne faut jamais croire ce que disent les jeunes filles ! Je vous dis, moi, qu'elle épouse Moutier, mon sauveur le brave des braves, le plus excellent des hommes.

LE CURÉ.

Moutier ! Ah ! le brave garçon ! J'en suis bien aise ; il me plaît et j'approuve le choix d'Elfy.

La servante l'avait nettoyé. (Page 125.)

LE GÉNÉRAL.

Et le mien, s'il vous plaît. Quand nous étions blessés tous deux, moi son prisonnier, et lui mon ami, il me parlait sans cesse d'Elfy et de sa sœur, et me répétait ce que vous lui aviez raconté et ce qu'il avait vu par lui-même des qualités d'Elfy. Je lui ai tant dit : « Épousez-la donc, mon garçon, épousez-la, puisque vous la trouvez si parfaite, » qu'il a fini par accueillir l'idée ; seulement il voulait attendre pour se faire un magot. Entre nous c'est pour arranger son affaire que je suis venu au village et que je me suis mis dans le guêpier Bournier ; tas de gueux! Il m'a sauvé, et il a bien fait ; je vous demande un peu comment il aurait pu se faire un magot sans Dourakine.

LE CURÉ.

Qu'est-ce que c'est que Dourakine?

LE GÉNÉRAL.

C'est moi-même qui ai l'honneur de vous parler. Je m'appelle Dourakine, sot nom, puisqu'en russe *douraki* veut dire sot. »

Le curé rit de bon cœur avec Dourakine, qui le prenait en gré et qui lui proposa d'aller féliciter les sœurs de l'*Ange Gardien*.

Le curé accepta. Pendant qu'ils causaient, Jacques et Torchonnet n'avaient pas perdu leur temps non plus ; Torchonnet raconta à Jacques qu'il était comme lui sans père ni mère, qu'il avait huit ans quand la femme qui était morte au village l'avait donné à ce méchant Bournier ; que cette femme lui avait dit avant de mourir qu'elle n'était pas sa mère, qu'elle l'avait volé tout petit pour se venger des gens qui l'avaient chassée sans lui donner la charité, et que, lorsqu'elle serait guérie, elle y retournerait pour le rendre à ses parents, car il la gênait plus qu'il ne lui rapportait, mais qu'il n'en serait pas plus heureux, parce que ses parents étaient pauvres et avaient bien assez d'enfants sans lui. Et qu'elle avait dit plus tard la même chose aux Bournier, et leur avait indiqué la demeure et le nom de ses parents.

Jacques engagea Pierre à raconter cela au bon curé, qui pourrait peut-être aller voir les Bournier et savoir d'eux les indications que la mendiante leur avait données sur les parents de Torchonnet.

Jacques et Paul demandèrent au curé la permission de rester chez lui avec Torchonnet, ce que le curé leur accorda avec plaisir.

Le général et le curé rentrèrent à l'*Ange-Gardien*. Moutier causait avec Elfy ; madame Blidot achevait l'ouvrage de la maison et disait son mot de temps en temps.

LE GÉNÉRAL.

Les voilà, monsieur le Curé ! Quand je vous disais ! »

Le curé alla à Elfy et lui donna sa bénédiction d'une voix émue.

LE CURÉ.

Soyez heureuse, mon enfant ! Votre choix est bon ; ce jeune homme est pieux et sage ; je l'ai jugé ainsi la première fois qu'il est venu chez moi pour prendre des renseignements sur vous, et surtout dans les quelques jours qu'il a passés chez vous depuis.

MOUTIER.

Monsieur le Curé, je vous remercie de votre bonne opinion, et comme à l'avenir tout doit être en commun entre Elfy et moi, je vous demande de me donner un bout de la bénédiction qu'elle vient de recevoir. »

Moutier mit un genou en terre et reçut, la tête incli-

Elle n'était pas sa mère, elle l'avait volé. (Page 129.)

née, la bénédiction qu'il avait demandée. Avant de se relever, il prit la main d'Elfy et dit d'un accent pénétré :

« Je jure devant Dieu et devant vous, monsieur le Curé, de faire tous mes efforts pour rendre heureuse et douce la vie de cette chère Elfy, et de ne jamais oublier que c'est à Dieu que nous devons notre bonheur. »

Moutier se releva, baisa tendrement la main d'Elfy ; madame Blidot pleurait, Elfy sanglotait, le général s'agitait.

LE GÉNÉRAL.

Que diantre ! je crois que je vais aussi tirer mon mouchoir. Allez-vous bientôt finir, vous autres? Moi qui amène M. le curé pour lui faire voir comme vous êtes tous heureux, et voilà que Moutier nous fait une scène à faire pleurer sa fiancée et sa sœur; moi, j'ai une peine du diable à garder l'œil sec. M. le curé a les yeux rouges, et Moutier lui-même ne doit pas avoir la voix bien assurée.

MOUTIER.

Mon général, les larmes que je retiens sont des larmes de bonheur, les premières que je verse de ma vie. C'est à vous que je dois cette douce émotion ! Vous êtes d'aujourd'hui mon bienfaiteur ! » ajouta-t-il en saisissant les deux mains du général et en les serrant avec force dans les siennes.

L'agitation du général augmentait. Enfin il sauta au cou de Moutier, serra dans ses bras le curé étonné, manqua le jeter par terre en le lâchant trop brusquement, et marcha à pas redoublés vers la porte de sa chambre, qu'il referma sur lui.

Le curé s'assit, madame Blidot se mit près de lui, Elfy s'assit près de sa sœur, et Moutier plaça sa chaise près d'Elfy.

La porte du général se rouvrit, il passa la tête et cria :
« A quand la noce? »

— Comment, la noce? dit Elfy ; est-ce qu'on a eu le temps d'y penser?

LE GÉNÉRAL.

Mais moi qui pense à tout, je demande le jour pour commander mon dîner chez Chevet.

MOUTIER.

Halte-là! mon général, vous prenez trop tôt le pas de charge. Vous oubliez nos eaux de Bagnols et vos blessures.

LE GÉNÉRAL.

Je n'oublie rien, mon ami, mais il y a temps pour tout, et la noce en avant.

ELFY.

Du tout, général, Joseph a raison ; vous devez aller d'abord aux eaux, et lui doit vous y accompagner pour vous soigner.

MOUTIER.

C'est bien, chère Elfy, vous êtes aussi raisonnable que bonne et courageuse. Nous nous séparerons pour nous réunir ensuite.

ELFY.

Et pour ne plus nous quitter.

LE GÉNÉRAL.

Ah ça ! mais pour qui me prend-on? On dispose de moi comme d'un imbécile ! « Vous ferez ci ; vous ferez ça. C'est bien, ma petite ; c'est très-bien, mon ami. » Est-ce que je n'ai pas l'âge de raison ? Est-ce qu'à soixante-trois ans on ne sait pas ce qu'on fait ? Et si je ne veux pas aller à ce Bagnols qui m'excède ; si je ne veux pas bouger avant la noce ?

ELFY.

Alors, vous resterez ici pour me garder, et Joseph ira tout seul aux eaux. Il faut que mon pauvre Joseph guérisse bien son coup de feu, pour n'avoir pas à me quitter après.

LE GÉNÉRAL.

Tiens! voyez-vous cette petite! Ta, ta, ta, ta, ta, comme sa langue tourne vite dans sa bouche! Il faut donc que je me soumette. Ce que vous dites est vrai, mon enfant; il faut que votre Joseph (puisque Joseph il y a) se rétablisse bien et vite ; et nous partons demain.

ELFY.

Oh! non, pas demain. J'ai eu à peine le temps de lui dire deux mots; et ma sœur n'a encore pris aucun arrangement. Et puis... Enfin, je ne veux pas qu'il s'en aille avant... avant... Dieu! que c'est ennuyeux!... Monsieur le curé, quand faut-il le laisser partir? »

Le général se frottait les mains et riait.

LE GÉNÉRAL.

Voilà, voilà! La raison s'en va! l'affection reste en possession du champ de bataille! Hourra pour la noce !

ELFY.

Mais pas du tout, général! Dieu! que vous êtes impatientant! vous prenez tout à l'extrême! Avec vos belles idées de noce, puis de départ tout de suite, tout de suite, vous avez brouillé tout dans ma tête; je ne sais plus où nous en étions !... Et d'abord, Joseph ne peut pas partir avant d'avoir fait sa déclaration dans l'affaire des Bournier; et vous aussi, il faut que vous soyez interrogé. N'est-ce pas, monsieur le Curé ! Joseph ne dit rien; il me laisse toute l'affaire à arranger toute seule. »

Moutier souriait et n'était pas malheureux du désir

que témoignait Elfy de le garder un peu de temps.

« Je ne dis rien, dit-il, parce que vous plaidez notre cause bien mieux que je ne pourrais le faire, et que j'ai trop de plaisir à vous entendre si bien parler pour vouloir vous interrompre.

LE CURÉ.

Ma chère enfant, vous avez raison ; il faut attendre leurs interrogatoires, c'est-à-dire quelques jours, et partir dès le lendemain.

MADAME BLIDOT.

Bien jugé, monsieur le Curé ; j'aurais dit tout comme vous. Je l'avais sur la langue dès le commencement.

ELFY.

Et pourquoi ne l'as-tu pas dit tout de suite ?

MADAME BLIDOT, *riant*.

Est-ce que tu m'en as laissé le temps ? Tu étais si animée que Joseph même n'a pu dire un mot. »

XI

QUERELLE POUR RIRE.

Le général finit par consentir au voyage aux eaux avant la noce, mais il exigea qu'aussitôt après le retour on fixât le jour pour qu'il pût commander son dîner. Il voulut faire la liste de tous les plats qu'il demanderait, mais personne ne l'écoutait, et il se mit à les raconter, dans un coin, à Jacques et à Paul, qui étaient rentrés depuis un instant; ils se léchaient les lèvres en l'écoutant et ouvraient de grands yeux.

PAUL.

Qu'est-ce que c'est qu'un baba?

LE GÉNÉRAL.

C'est un gâteau excellent, avec des petits raisins noirs excellents et une croûte excellente.

JACQUES.

Ah oui! comme les chaussons aux pommes que fait tante Elfy.

LE GÉNÉRAL.

Nigaud, va! C'est cent fois meilleur! »

Le général continua le détail du dîner.

PAUL.

Qu'est-ce que c'est qu'un nougat?

LE GÉNÉRAL.

Un délicieux gâteau fait avec des amandes hachées et du sucre.

PAUL.

Comme les amandes que nous pilons, Jacques et moi, pour faire du lait d'amandes?

LE GÉNÉRAL.

Ah ça ! mais !... Dites donc, maman Blidot, vos enfants sont ignorants comme des cruches ! L'un me demande si un baba est comme les chaussons aux pommes de tante Elfy ; l'autre, si un nougat c'est comme le lait d'amandes qu'il pile. Ils ne connaissent rien, mais rien du tout.

LE CURÉ.

Prenez garde, mon général ! il y a bien des choses qu'ils connaissent et sur lesquelles ils pourraient vous prendre en défaut.

LE GÉNÉRAL.

Je vous crois sur parole, monsieur le Curé, et je continue mon dîner... Eh bien ! eh bien ! dites donc, petits, je n'ai pas fini.

JACQUES.

Monsieur le général, c'est que... cela n'amuse pas beaucoup Paul ; et moi, je n'y comprends pas grand' chose. »

Et Jacques courut rejoindre Paul, qui s'était sauvé dans le jardin.

La journée se passa gaiement pour tout le monde : il vint plusieurs voyageurs demander à dîner ou à se rafraîchir avec du cidre, du pain et du fromage. Jacques, qui avait congé ce jour-là, aida au service avec une activité et une amabilité qui lui valurent les éloges

Jacques aida au service. (Page 138.)

des voyageurs et quelques sous de gratification. Paul suivait tous les pas de Jacques; le général s'amusait à regarder, à écouter et même à causer avec les allants et venants; on le prenait pour un marchand de bœufs ou de moutons.

UN VOYAGEUR.

Comment que s'est vendue la marchandise à la foire de Gacé, M'sieur ?

— Pas bien, M'sieur, répondit avec sang-froid le général.

— Combien la livre sur pied ?

— Deux ou trois francs, dit le général qui ne savait pas de quoi il était question.

LE VOYAGEUR.

Et vous appelez ça pas bien ? P'rlotte! vous êtes difficile, M'sieur ! Jamais la marchandise n'a monté à ce prix, moi vivant, c'est à ne pas y croire.

LE GÉNÉRAL.

Comme vous voudrez, M'sieur.

LE VOYAGEUR.

Ah ça ! M'sieur, vous moquez-vous de moi, par hasard?

LE GÉNÉRAL.

Moi, M'sieur, par exemple ! Je vous respecte trop, ainsi que tous les voyageurs, pour me permettre...

LE VOYAGEUR.

Mais, M'sieur !

LE GÉNÉRAL.

Quoi ! M'sieur?

LE VOYAGEUR.

Rien, M'sieur ; laissez-moi manger mon dîner.

LE GÉNÉRAL.

Très-volontiers, M'sieur Mangez et buvez.

Le voyageur le regarda de travers, mais ne dit plus rien ; l'air farouche et narquois qu'avait pris le général l'empêcha de continuer une sotte querelle. Quand il eut fini son dîner, le général appela :

Jamais la marchandise n'a monté à ce prix. (Page 141.)

« Deux tasses de café, s'il vous plaît, pour m'sieur et pour moi, et un carafon d'eau-de-vie, mais de la bonne, de la meilleure. Acceptez-vous, M'sieur, la tasse de réconciliation ?

— Volontiers, M'sieur, dit le voyageur ; je ne pense pas que vous ayez eu l'intention de m'offenser.

LE GÉNÉRAL.

Certainement non, M'sieur; je ne savais pas de quoi vous parliez, et j'ai répondu au hasard. Voilà la vérité.

LE VOYAGEUR.

Je parlais des bœufs sur pied. Vous n'êtes donc pas marchand de bœufs, M'sieur?

— Non, M'sieur, reprit le général, riant à se tenir les côtes. Je suis voyageur comme vous et prisonnier de monsieur, en montrant Moutier qui entrait.

LE VOYAGEUR, *effrayé*.

Prisonnier? Vous... Vous êtes donc...?

LE GÉNÉRAL, *riant plus fort*.

Pas un voleur ni un assassin, M'sieur, quoi que j'aie tué ou fait tuer bien du monde. (Le voyageur saute en arrière.) Prisonnier de guerre, M'sieur; pris à Malakoff par monsieur qui m'a sauvé en sautant au milieu des décombres de Malakoff pendant l'explosion. Il en sautait, il en tombait tout autour de nous. Tout en gémissant de mes blessures, j'admirais ce courage qui bravait la mort pour sauver un ennemi. Et voilà, M'sieur, comment je suis voyageur-prisonnier.

LE VOYAGEUR.

Quel est votre grade, M'sieur?

LE GÉNÉRAL.

Général, M'sieur. »

Le voyageur bondit de dessus sa chaise, ôta son chapeau et dit avec embarras :

« Faites excuse, M'sieur, je ne savais pas;... je croyais... comment deviner?

LE GÉNÉRAL.

Pas de mal, M'sieur, pas de mal; ce n'est pas la première fois qu'on me prend pour un marchand de... toutes sortes de bêtes ; et ce ne sera pas la dernière. »

Le voyageur, confus, voulut solder sa dépense ; le général insista pour tout payer lui-même avec le café; le voyageur salua, hésita, remercia et s'en alla.

« Comme c'est amusant de voyager ! dit Jacques.

LE GÉNÉRAL.

Veux-tu que je t'emmène?

JACQUES.

Je voudrais bien si vous pouviez emmener aussi M. Moutier, Paul, maman et ma tante.

Le voyageur bondit. (Page 148.)

LE GÉNÉRAL.

C'est trop de bonheur et de bagage, mon ami : je n'aurais pas de place pour tout ce monde. A propos de place, où est donc ma voiture? Et ma cassette, mes bijoux, mon or, mon nécessaire de voyage?

JACQUES.

Tiens, c'est vrai ! Bournier a emmené la voiture, et on ne l'a pas revue; tout le monde croyait que vous étiez parti dedans.

LE GÉNÉRAL.

Le coquin ! Moutier, mon ami, nous irons voir ça demain. A-t-on emmené les trois brigands ?

MOUTIER.

J'y ai été voir tout à l'heure, mon général ; les gendarmes les ont emmenés dans une voiture ; et le juge d'instruction doit venir demain matin.

ELFY.

Déjà !

MOUTIER.

Nous reviendrons bientôt, Elfy ; ce ne sera pas long. Trois semaines de bains, deux jours de route pour aller et venir ; pas tout à fait un mois en tout.

LE GÉNÉRAL.

Oui, oui, je vous reviendrai bientôt, ma chère enfant ! C'est gentil à vous de me regretter autant ! »

Elfy sourit et Moutier aussi. Le général prit un air malin.

LE GÉNÉRAL.

C'est bien pour moi que vous avez soupiré, Elfy ?... Pas de réponse ? Qui ne dit mot consent... Ce soupir vous vaudra une montre d'or et sa chaîne.

ELFY.

Mais non, mon général ; ce n'est pas juste ; je ne veux pas... Vous savez bien...

LE GÉNÉRAL.

Je ne sais rien du tout ; est-ce que ce n'est pas pour moi que vous avez soupiré si tristement tout à l'heure ?

ELFY.

Pas du tout ; vous le savez bien. C'est pour Joseph.

LE GÉNÉRAL.

Cette franchise mérite une récompense, et vous aurez

non-seulement une montre et sa chaîne, mais une broche et des boucles d'oreilles.

ELFY.

Général, vous êtes trop bon. C'est trop, beaucoup trop. Je ne vaux pas tout cela.

LE GÉNÉRAL.

Ma petite, vous parlez comme une étourdie. A votre âge on ne juge pas de la valeur des gens; vous ne savez pas ce que vous valez, c'est moi qui vous le dis Demandez à Moutier s'il vous donnerait pour une montre d'or.

— Pas pour tous les trésors de la France, s'écria Moutier en riant.

LE GÉNÉRAL.

Vous voyez? Ce n'est pas moi qui le lui ai soufflé! Ah ça! la journée s'avance. Moutier, si nous allions faire un tour du côté de l'auberge, que j'y prenne ma cassette et mes affaires.

MOUTIER.

Je suis à vos ordres, mon général. La course n'est pas longue.

XII

LA DOT ET LES MONTRES.

Le général et Moutier partirent tous deux pour l'auberge Bournier; ils n'y trouvèrent personne que le greffier de la mairie qui écrivait dans la salle. Moutier lui expliqua pourquoi venait le général. Le greffier fit quelques difficultés, disant qu'il ne connaissait pas le général, etc.

LE GÉNÉRAL.

Est-ce que vous me prenez pour un voleur, par hasard? Puisque c'est moi que ces gueux de Bournier voulaient assassiner, pour me voler plus à leur aise et sans que je pusse réclamer! J'ai bien le droit de reprendre ce qui m'appartient, je pense.

LE GREFFIER.

Mais, Monsieur, je suis chargé de la garde de cette maison jusqu'à ce que l'affaire soit décidée, et je ne connais pas les objets qui sont à vous. Je ne veux pas risquer de voir enlever des effets dont je suis responsable et qui appartiennent à ces gens-là.

Le général lui fit la liste de ses effets et indiqua la place où on les trouverait. Le greffier alla dans la chambre désignée, y trouva les objets demandés et les apporta ; le général lui donna comme récompense une pièce de vingt francs. Le greffier refusa d'abord vivement, puis mollement, puis accepta, tout en témoignant une grande répugnance à donner à ses services une apparence intéressée. Moutier se chargea des effets, du nécessaire et de la lourde cassette ; et ils rentrèrent à *l'Ange-Gardien*. Le général appela Jacques et Paul, qui le suivirent dans sa chambre ; il leur fit voir ce que contenait sa cassette et son nécessaire de voyage ; dans

Jacques et Paul virent ce que contenait la cassette.

la cassette il y avait une demi-douzaine de montres d'or avec leurs chaînes, de beauté et de valeur différentes ; toutes ses décorations en diamants et en pierres précieuses, un portefeuille bourré de billets de banque et une sacoche pleine de pièces d'or. C'était tout cela que le général avait imprudemment laissé voir à Bournier et qui avait enflammé la cupidité de ce dernier. Le nécessaire était en vermeil et contenait tout ce qui pouvait être utile pour la toilette et les repas.

Jacques et Paul étaient dans le ravissement et poussaient des cris de joie à chaque nouvel objet que leur faisait voir le général. Les montres surtout excitaient leur admiration. Le général en prit une de moyenne grandeur, y attacha la belle chaîne d'or qui était faite pour elle, mit le tout dans un écrin ou boîte en maroquin rouge et dit à Jacques :

« Celle-là, c'est celle que ton bon ami donnera à tante Elfy. Et puis, ces deux-là, dit-il en retirant de la cassette deux montres avec des chaînes moins belles et moins élégantes, ce sont les vôtres que vous donne votre bon ami. Mais ne dites pas que je vous les ai fait voir ; il me gronderait.

JACQUES.

C'est vous, mon bon général, qui nous les donnez

LE GÉNÉRAL.

Non, vrai, c'est Moutier; c'est son présent de noces.

JACQUES.

Mais quand donc les a-t-il achetées? Et avec quoi? Il disait tantôt qu'il était pauvre, qu'il n'avait pas d'argent.

LE GÉNÉRAL.

Précisément ! Il n'a pas d'argent, parce qu'il a tout dépensé.

JACQUES.

Mais pourquoi a-t-il dépensé tout son argent en présents de noces, puisqu'il ne voulait pas se marier, et que, sans vous, il ne se serait pas marié ?

LE GÉNÉRAL.

Précisément ! C'est pour cela. Et quand je te dis quelque chose, c'est très-impoli de ne pas me croire.

JACQUES.

Oui, mon bon général, mais quand vous nous donnez quelque chose, et de si belles choses, nous serions bien ingrats de ne pas vous remercier.

LE GÉNÉRAL.

Petit insolent! Puisque je te dis... »

Il ne put continuer parce que Jacques et Paul se saisirent chacun d'une de ses mains qu'ils baisaient et qu'ils ne voulaient pas lâcher malgré les évolutions du général qui tirait à droite, à gauche, en avant, en arrière: il commençait à se fâcher, à jurer, à menacer d'appeler au secours et de les faire mettre à la salle de police. Il parvint enfin à se dégager et rentra tout rouge et tout suant dans la salle où se trouvaient Moutier, Elfy et sa sœur.

« Moutier, dit-il d'une voix formidable, entrez chez moi ; j'ai à vous parler. »

Moutier le regarda avec surprise ; sa voix indiquait la colère ; et, au lieu de rentrer chez lui, il se promenait en long et en large, les mains derrière le dos, soufflant et s'essuyant le front.

MOUTIER.

Que vous est-il arrivé, mon général ? Vous avez l'air...

LE GÉNÉRAL.

J'ai l'air d'un sot, d'un imbécile, qui a moins de force d'esprit et de corps qu'un gamin de neuf ans et un autre de six. Quand je parle, on ne me croit pas, et quand je veux m'en aller, on me retient de force. Trouvez-vous ça bien agréable ?

MOUTIER.

Mais, mon général, je ne comprends pas... Que vous est-il donc arrivé ?

LE GÉNÉRAL.

Demandez à ces gamins qui grillent de parler; ils vont vous faire un tas de contes.

JACQUES, *riant.*

Mon bon ami Moutier, je vous remercie des belles montres d'or que vous nous donnerez, à Paul et à moi, comme cadeau de noces.

MOUTIER, *très surpris.*

Montres d'or! Cadeau de noces! Tu es fou, mon garçon! Où et avec quoi veux-tu que j'achète des montres d'or? Et à deux gamins comme vous encore, quand je n'en ai pas moi-même! Et quel cadeau de noces, puisque je ne songeais pas à me marier?

JACQUES.

Voyez-vous, mon bon général? Je vous le disais bien. C'est vous...

LE GÉNÉRAL.

Tais-toi, gamin, bavard! Je te défends de parler. Moutier, je vous défends de les écouter. Vous n'êtes que sergent, je suis général. Suivez-moi; j'ai à vous parler. »

Moutier, au comble de la surprise, obéit; il disparut avec le général, qui ferma la porte avec violence.

LE GÉNÉRAL, *rudement.*

Tenez, voilà votre dot. (Il met de force dans les mains de Moutier un portefeuille bien garni.) J'y ai ajouté les frais de noces et d'entrée en ménage. Voilà la montre et la chaîne d'Elfy; voilà la vôtre. (Moutier veut les repousser.) Sapristi! ne faut-il pas que vous ayez une montre? Lorsque vous voudrez savoir l'heure, faudra-t-il pas que vous couriez la demander à votre femme? Ces jeunes gens, ça n'a pas plus de tête, de prévoyance que des linottes, parole d'honneur !... Tenez, vous voyez bien ces deux montres que voilà ? ce sont celles de vos enfants ! C'est vous qui les leur donnez. Ce n'est pas moi, entendez-vous bien ?... Non, ce n'est pas moi ! Quand je vous le dis ! Pourquoi leur donnerais-je des montres ? Est-ce moi qui me marie ? Est-ce moi qui les ai trouvés, qui les ai sauvés, qui ai fait leur bonheur en les plaçant chez ces excellentes femmes ? Oui, excellentes femmes, toutes deux. Vous serez heureux, mon bon Moutier ; je m'y connais et je vous dis, moi, que vous auriez couru le monde entier, pendant cent ans, que vous n'auriez pas trouvé le pareil de ces femmes. Et je suis bien fâché d'être général, d'être comte Dourakine, d'avoir soixante-quatre ans, d'être Russe, parce que, si j'avais trente ans, si j'étais Français, si j'étais sergent, je serais votre beau-frère ; j'aurais épousé madame Blidot. »

L'idée d'avoir pour beau-frère ce vieux général à cheveux blancs, à face rouge, à gros ventre, à carrure d'Hercule, parut si plaisante à Moutier qu'il ne put s'empêcher de rire. Le général, déridé par la gaieté de Moutier, la partagea si bien que tous deux riaient aux éclats quand madame Blidot, Elfy et les enfants, attirés par le bruit, entrèrent dans la chambre ; ils restèrent stupéfaits devant l'aspect bizarre du général à moitié tombé sur un canapé où il se roulait à force de rire, et de Moutier partageant sa gaieté et s'appuyant contre la table sur laquelle étaient étalés l'or et les bijoux de la cassette et du nécessaire.

Le général se souleva à demi.

LE GÉNÉRAL.

Nous rions, parce que... Ha ! ha ! ha !..... Ma bonne madame Blidot.... Ha ! ha ! ha ! Je voudrais être

Le vieux général.

le beau-frère de Moutier..... en vous épousant..... Ha !
ha ! ha !

MADAME BLIDOT.

M'épouser, moi ! Ha ! ha ! ha ! Voilà qui serait drôle, en effet ! Ha ! ha ! ha ! La bonne bêtise ! Ha ! ha ! ha ! »

Elfy n'avait pas attendu la fin du discours du général pour partir aussi d'un éclat de rire. Les enfants, voyant rire tout le monde, se mirent de la partie : ils sautaient de joie et riaient de tout leur cœur. Pendant quelques instants, on n'entendit que des : Ha ! ha ! ha ! sur tous les tons. Le général fut le premier à reprendre un peu de calme ; Moutier et Elfy riaient de plus belle dès qu'ils portaient les yeux sur le général. Ce dernier commençait à trouver mauvais qu'on s'amusât autant de la pensée de son mariage.

« Au fond, dit-il, je ne sais pas pourquoi nous rions. Il y a bien des Russes qui épousent des Françaises, bien des gens de soixante-quatre ans qui se marient, bien des comtes qui épousent des bourgeoises. Ainsi, je ne vois rien de si drôle à ce que j'ai dit. Suis-je donc si vieux, si ridicule, si laid, si sot, si méchant, que personne ne puisse m'épouser ? Voyons, Moutier, vous qui me connaissez, est-ce que je ne puis pas me marier tout comme vous ?

— Parfaitement, mon général, parfaitement, dit Moutier en se mordant les lèvres pour ne pas rire ; seulement, vous êtes tellement au-dessus de nous, que cela nous a semblé drôle d'avoir pour beau-frère un général, un comte, un homme aussi riche ! Voilà tout.

— C'est vrai, reprit le général ; aussi n'était-ce qu'une plaisanterie. D'ailleurs, madame Blidot n'aurait jamais donné son consentement.

MADAME BLIDOT, *riant.*

Certainement non, général; jamais. Mais pourquoi cet étalage d'or et de bijoux? Et toutes ces montres? Que faites-vous de tout cela?

LE GÉNÉRAL.

Ce que j'en fais? Vous allez voir. Elfy, voici la vôtre! Moutier, prenez celle-ci; Jacques et Paul, mes enfants, voilà celles que vous donne votre bon ami. Ma chère madame Blidot, vous prendrez celle qui vous est destinée, et qui ne peut aller à personne, ajouta-t-il, voyant qu'elle faisait le geste de refuser, parce que le chiffre de chacun est gravé sur toutes les montres.

ELFY.

Oh! général! que vous êtes bon et aimable! Vous faites les choses avec tant de grâce qu'il est impossible de vous refuser.

MOUTIER.

Merci, mon général! je dis, comme Elfy, que vous êtes bon, réellement bon. Mais comment avez-vous eu l'idée de toutes ces emplettes?

LE GÉNÉRAL.

Mon ami, vous savez que je ne suis pas né d'hier, comme je vous l'ai dit. Quand vous êtes parti pour venir ici, j'ai pensé: « L'affaire s'arrangera; le manque d'argent le retient; je ferai la dot, je bâclerai l'affaire et les présents de noces seront tout prêts. » Je les avais déjà achetés par précaution. Je suis parti le même jour que vous, pour avoir de l'avance et faire connaissance avec la future, avec la sœur et avec les enfants. J'ai été coffré par ce scélérat d'aubergiste; j'avais apporté la dot en billets de banque, plus trois mille francs pour les frais de noces: ce coquin a vu tout ça et ma sacoche de dix mille francs en or et tout le reste. Et voilà comment j'ai les montres avec les chiffres toutes prêtes d'avance. Comprenez-vous maintenant ?

MOUTIER.

Parfaitement ; je comprends parce que je vous connais ; de la part de tout autre ce serait à ne pas le croire ; Elfy et moi nous n'oublierons jamais...

LE GÉNÉRAL.

Prrr ! Assez, assez, mes amis. Soupons, causons et dormons ensuite. Bonne journée que nous aurons passée ! J'ai joliment travaillé, moi, pour ma part ; et vrai, j'ai besoin de nourriture et de repos. »

Madame Blidot courut aux casseroles qu'elle avait abandonnées, Elfy et Moutier au couvert, Jacques et Paul à la cave pour tirer du cidre et du vin ; le général restait debout au milieu de la salle, les mains derrière le dos ; il les regardait en riant :

« Bien ça ! Moutier. Vous ne serez pas longtemps à vous y faire. Bon, voilà le couvert mis ! Je prends ma place. Un verre de vin, Jacques, pour boire à la prospérité de l'*Ange-Gardien*. »

Jacques déboucha la bouteille et versa.

« Hourra pour l'*Ange-Gardien !* et pour ses habitants ! cria le général en élevant son verre et en le vidant d'un seul trait... Eh mais vraiment, elle est très-bien fournie la cave de l'*Ange-Gardien !* Voilà de bon vin, Moutier. Ça fait plaisir de boire des santés avec un vin comme ça ! »

On se mit à table, on soupa de bon appétit ; on causa un peu et on se coucha, comme l'avait dit le général. Chacun dormit sans bouger jusqu'au lendemain. Jacques et Paul mirent leurs montres sous leur oreiller ; il faut même avouer que non-seulement Elfy resta longtemps à contempler la sienne, à l'écouter marcher, mais qu'elle ne voulut pas non plus s'en séparer et qu'elle s'endormit en la tenant dans ses mains. Bien plus, madame Blidot et Moutier firent comme Jacques et Paul; et, à leur réveil, leur premier mouvement fut de reprendre la montre et de voir si elle marchait bien.

XIII

LE JUGE D'INSTRUCTION

Quand tout le monde se réunit le lendemain pour le café, le général examina avec satisfaction les visages radieux qui l'entouraient. Le repas fut gai, mais court; chacun avait à ranger et à travailler. Moutier se chargea de faire la chambre du général et la salle, pendant que les deux sœurs, aidées de Jacques, nettoyaient la vaisselle de la veille et préparaient tout pour la journée. Le général sortit; il faisait beau et chaud. En allant et venant dans le village, il vit arriver les gendarmes escortant une charrette où se trouvaient Bournier, étendu sur le dos à cause de sa blessure, son frère et sa femme, assis sur une banquette. Une autre voiture, contenant le juge d'instruction et l'officier de gendarmerie, suivait la charrette. On s'arrêta devant l'auberge; on fit descendre le frère et la femme Bournier; deux gendarmes les emmenèrent et les firent entrer dans la salle où se trouvaient déjà les magistrats et l'officier. Deux autres gendarmes apportèrent l'aubergiste, qui criait à chaque secousse qu'il recevait, malgré les précautions et les soins dont on l'entourait. Ils l'étendirent par terre sur un matelas; le juge d'instruction appela un des gendarmes.

Allez chercher les témoins et la victime. »

Les gendarmes partirent pour exécuter leurs ordres.

Le général avait accompagné le cortége; il entra dans la salle presque en même temps que les criminels. Il se plaça en face de Bournier, qui le regardait d'un œil enflammé par la colère.

Deux autres gendarmes apportèrent l'aubergiste. (Page 159.)

« Gredin ! gueux, scélérat ! cria le général.

— Qui est cet homme qui injurie le prévenu ? dit le juge d'instruction en se retournant vers lui. Pourquoi est-il entré ? Faites-le sortir.

LE GÉNÉRAL.

Pardon, Monsieur, je suis entré parce que je dois rester. Et si vous me faites sortir, vous serez fort attrapé.

LE JUGE.

Parlez plus poliment à la justice, Monsieur. Des étrangers ne doivent pas assister à l'interrogatoire que j'ai à faire, et je vous réitère l'ordre de sortir.

LE GÉNÉRAL.

L'ordre ! Sachez, Monsieur, que je n'ai d'*ordre* à recevoir de personne que de mon souverain (qui est très-loin). Sachez, Monsieur, qu'en me forçant à m'en aller, vous faites un acte inique et absurde.

Et sachez enfin que, si vous m'obligez à quitter cette salle, aucune force humaine ne m'y fera rentrer de plein gré et n'obtiendra de moi une parole relative à ces coquins.

LE JUGE.

Eh ! Monsieur, c'est ce que nous vous demandons ; taisez-vous et partez.

LE GÉNÉRAL.

Je sors, Monsieur ! Et je me ris de vous et de l'embarras dans lequel vous allez vous trouver. »

Le général enfonça son chapeau sur sa tête et se dirigea vers la porte. Moutier entrait au même moment ; il se rangea, porta la main à son képi :

« Pardon, général, » dit-il.

Le général sortit.

Le juge d'instruction regarda d'un air surpris.

« Qui êtes-vous, Monsieur ? » dit-il à Moutier.

MOUTIER.

Moutier, le principal témoin de l'affaire, monsieur le

juge ; celui qui a cassé la cuisse de ce gredin-là, qui a enfoncé le crâne à celui-ci et causé un étourdissement à cette gueuse de femme.

LE JUGE, *souriant*.

Tâchez de ménager vos épithètes, Monsieur ; et qui est le gros homme qui vient de sortir ?

MOUTIER.

Le général Dourakine, mon prisonnier, que ces... je ne sais comment les appeler, car enfin ce sont de fieffés coquins ! que ces coquins, car coquins est le mot, que ces coquins auraient égorgé si je n'avais eu la chance de me trouver là.

LE JUGE.

Comment ! ce monsieur est... Courez après lui, monsieur Moutier ; faites-lui bien mes excuses. Ramenez-le : il faut absolument qu'il fasse sa déposition. »

Moutier partit et ne tarda pas à rattraper le général qui rentrait chez lui, le teint allumé, les veines gonflées, le souffle bruyant, avec tous les symptômes d'une colère violente et concentrée.

Lorsqu'il eut entendu la commission du juge, il s'arrêta, tourna vers Moutier ses yeux flamboyants et dit d'une voix sourde :

« Jamais. Dites à ce malappris qu'il se souvienne de mes paroles.

MOUTIER.

Mais, mon général, on ne peut pas se passer de votre déposition.

LE GÉNÉRAL.

Qu'on fasse comme si j'étais mort.

MOUTIER.

Mais vous ne l'êtes pas, mon général, et alors...

Taisez-vous et partez. (Page 153.)

LE GÉNÉRAL.

Alors qu'on suppose que je le suis.

MOUTIER.

Mon général, c'est impossible. On ne peut se passer de vous.

LE GÉNÉRAL.

Alors, pourquoi m'ont-ils renvoyé? Pourquoi ne m'ont-ils pas écouté? Je les ai prévenus; ils n'ont pas voulu me croire. Qu'ils s'arrangent sans moi à présent.

MOUTIER.

Mon général, je vous en supplie.

LE GÉNÉRAL.

Non, jamais, jamais et jamais! Je ne bouge pas de ma chambre jusqu'à ce qu'ils soient tous partis. »

Le général entra chez lui, ferma sa porte à clef, et, calmé par l'idée de l'embarras que causerait son refus, il se mit à rire et à se frotter les mains.

Moutier retourna à l'auberge et rendit compte de son ambassade. Le juge d'instruction, fort contrarié, parlait de forcer la déposition par des menaces.

MOUTIER.

Pardon, monsieur le juge, on n'obtiendra rien de lui par la force; vous l'avez froissé; il fera comme il l'a dit; il se laissera mettre en pièces plutôt que de revenir là-dessus; mais nous pouvons le prendre par surprise; laissez-moi faire. Suivez-moi, ne faites pas de bruit, faites ce que je vous dirai, et vous aurez la déposition la plus complète que vous puissiez désirer.

LE JUGE.

Voyons, terminons d'abord ce que nous avons à faire ici; faites votre déposition, monsieur Moutier; greffier, écrivez. »

Le juge d'instruction commença l'interrogatoire; quand ils eurent terminé, le juge accompagna Moutier à l'*Ange-Gardien;* Moutier le pria d'attendre dans la salle; il appela Elfy, lui raconta l'affaire et lui donna ses instructions. Elfy sourit, et alla frapper doucement à la porte du général.

« Qui frappe ? dit-il d'une voix furieuse.

ELFY.

C'est moi, mon bon général; ouvrez-moi.
— Que voulez-vous ? reprit-il d'une voix radoucie.

ELFY.

Vous voir un instant, vous consulter sur un point relatif à mon mariage, puisque c'est vous qui l'avez décidé.

LE GÉNÉRAL.

Ah ! ah ! je ne demande pas mieux, ma petite Elfy. »

La porte s'ouvrit, et, en s'ouvrant, masqua Moutier et le juge d'instruction.

La porte s'ouvrit.

Le général jeta un coup d'œil dans la salle, ne vit personne, prit un visage riant et laissa la porte ouverte à la

demande d'Elfy, qui trouvait qu'il faisait bien chaud dans sa chambre.

« Permettez-moi de vous déranger pendant quelques instants, général, dit Elfy en acceptant le siége que le général lui offrait près de lui; c'est vous qui avez fait notre mariage; et quand je pense que, sans Joseph, ces abominables gens vous auraient tué ! car ils voulaient vous tuer, n'est-ce pas ?

LE GÉNÉRAL.

Je crois bien ! m'égorger comme un mouton.

ELFY.

Vous ne nous avez pas raconté encore les détails de cet horrible événement. Je ne comprends pas bien pourquoi ces misérables voulaient vous tuer, et comment ils ont pu faire pour s'emparer de vous qui êtes si fort, si courageux ! »

Le général, flatté de l'intérêt que lui témoignait Elfy et assez content de s'occuper de lui-même, lui fit le récit très-détaillé de tout ce qui s'était passé à l'auberge Bournier, depuis le moment de son arrivée. Quand le récit s'embrouillait, Elfy questionnait et obtenait des réponses claires et détaillées. Lorsqu'il n'y eut plus rien à apprendre, Elfy se frappa le front comme si un souvenir lui traversait la pensée et s'écria :

« Que va dire ma sœur ? J'ai oublié de plumer et de préparer le poulet pour notre dîner. Pardon, général, il faut que je me sauve.

LE GÉNÉRAL.

Et votre mariage dont nous n'avons pas dit un mot?

ELFY.

Ce sera pour une autre fois, général.

LE GÉNÉRAL.

A la bonne heure ! Nous en causerons à fond. »

Elfy s'échappa leste comme un oiseau. Le général la suivit des yeux et entra dans la salle pour la voir plumer son poulet dans la cuisine. Un léger bruit lui fit tourner la tête, et il vit le juge d'instruction achevant de rédiger ce qu'il venait d'entendre. Le général prit un air digne.

LE GÉNÉRAL.

Venez-vous m'insulter jusque chez moi, Monsieur?

LE JUGE.

Je viens, au contraire, général, vous faire mes excuses sur l'algarade malheureuse que je me suis permise à votre égard, ignorant votre nom et pensant que vous étiez un curieux, entré pour voir et entendre ce qui doit rester secret jusqu'au jour de la mise en jugement. Je vous réitère mes excuses et j'espère que vous voudrez bien oublier ce qui s'est passé entre nous.

LE GÉNÉRAL.

Très-bien, Monsieur. Je ne vous garde pas rancune, car je suis bon diable, malgré mes airs d'ours; mais il m'est impossible de revenir sur ma parole, de retourner dans cette auberge pour l'interrogatoire, ni de vous répondre un seul mot sur l'affaire.

LE JUGE.

Quant à cela, Monsieur, je n'ai plus besoin de vous interroger; votre déposition a été complète, et je n'ai plus rien à apprendre de vous. »

Le général écoutait ébahi; son air étonné fit sourire le juge d'instruction.

« Je vois, je comprends, s'écria le général. La friponne! Ce que c'est que les jeunes filles! C'est pour me faire parler qu'elle est venue me cajoler! Mais comment a-t-elle su? Ah! la petite traîtresse! Et moi qui m'attendrissais de son désir de tout savoir, de n'omettre aucun détail sur ce qui me concernait! Et Moutier? où est-il? c'est lui qui a tout fait. Moutier! Moutier! Ah! il croit que, parce qu'il m'a fait prisonnier, il peut me mener comme un enfant! Il se figure que, parce qu'il m'a sauvé deux fois; car il m'a sauvé deux fois, Monsieur, au péril de sa vie, et je l'aime comme mon fils! et je l'adopterais s'il voulait. Oui, je l'adopterai! Qu'est-ce qui m'en empêcherait? Je n'ai ni femme ni enfant, ni frère ni sœur. Et je l'adopterai si je veux. Et je le ferai comte Dourakine, et Elfy sera comtesse Dourakine. Et il n'y a pas à rire, Monsieur; je suis maître de ma fortune; j'ai six cent mille roubles de revenu, et je veux les donner à mon sauveur. Moutier, venez vite, mon ami! »

Moutier entra l'air un peu penaud; il s'attendait à être grondé.

LE GÉNÉRAL.

Viens, mon ami, viens, mon enfant; oui, tu es mon fils, Elfy est ma fille; je vous adopte; je vous fais comte et comtesse Dourakine, et je vous donne six cent mille roubles de rente.

Elfy était entrée en entendant appeler Moutier; elle s'apprêtait à le défendre contre la colère du général. A cette proposition si ridicule et si imprévue, elle éclata de rire, et, saluant profondément Moutier :

« Monsieur le comte Dourakine, j'ai bien l'honneur de vous saluer. »

Puis, courant au général, elle lui prit les mains, les baisa affectueusement.

« Mon bon général, c'est une plaisanterie; c'est impossible! c'est ridicule! Voyez la belle figure que nous ferions dans un beau salon, Moutier et moi. »

Le général regarda Moutier qui riait, le juge d'instruction qui étouffait d'envie de rire, Elfy qui éclatait en rires joyeux, et il comprit que sa proposition était impossible.

« C'est vrai ! c'est vrai ! Il m'arrive sans cesse de dire des sottises. Mettez que je n'ai rien dit.

MOUTIER.

Ce que vous avez dit, mon général, prouve votre

J'ai bien l'honneur de vous saluer. (Page 171.)

bonté et votre bon vouloir à mon égard, et je vous en suis bien sincèrement reconnaissant. »

Le juge d'instruction salua le général et s'en alla riant et marmottant : « Drôle d'original ! »

XIV

AUTRES PENSÉES BIZARRES DU GÉNÉRAL.

Quand on se réunit pour dîner, l'œil malin du général attira l'attention d'Elfy. Elle s'attendait à quelque malice, mais pas à celle qu'il méditait. A la fin du repas, qui fut animé par les réflexions des enfants sur les événements passés et futurs, le général dit avec un grand soupir :

« Demain sera un triste jour pour vous, ma pauvre enfant.

—Pourquoi cela? répliqua Elfy avec quelque frayeur.

LE GÉNÉRAL.

Parce que nous serons partis, Moutier et moi.

ELFY.

Partis! demain? Pourquoi si vite?

LE GÉNÉRAL.

Parce que, ma déposition étant faite, grâce à vous, ma pauvre Elfy, nous n'avons plus que faire ici, et nous allons prendre nos eaux.

ELFY.

Votre déposition!... C'est pourtant vrai, Joseph, c'est moi qui vous fais partir.

MOUTIER.

Eh bien! ne faut-il pas que nous achevions notre

guérison? En partant plus tôt, nous reviendrons plus tôt, et nous nous marierons plus tôt, c'est tout bénéfice.

ELFY.

C'est vrai, mais.....

LE GÉNÉRAL.

Mais vous voudriez peut-être nous accompagner pour me soigner là-bas. Je ne demande pas mieux, moi, je vous emmène.

ELFY.

Quelle folie, général! Vous avez toujours des idées... des idées...

LE GÉNÉRAL.

Biscornues, absurdes. Dites, dites, ne vous gênez pas.

ELFY.

Pas du tout, général; je n'ai dans la tête aucune pensée malhonnête pour vous; je voulais dire... des idées drôles.

LE GÉNÉRAL.

C'est ça, comme je le disais! Absurdes et drôles, c'est la même chose. Donc, j'ai des idées absurdes... Merci, mademoiselle Elfy.

ELFY.

C'est très-mal ce que vous dites là, général... (le général rit), oui, très-mal; vous me faites dire des sottises que je n'ai pas dites; vous vous moquez de moi. Je vous croyais meilleur que ça.

Elfy quitta la table et sortit un peu en colère; le général, qui riait, dit à Moutier:

« Allez vite la chercher, mon ami; dites-lui qu'elle est une petite folle, et que je ne suis pas pressé de partir, qu'elle fixera elle-même le jour de notre départ, que ce que j'ai dit est ma vengeance pour la déposition qu'elle m'a chipée au profit du juge d'instruction. Voilà tout. »

Moutier partit en riant, et ne fut pas longtemps sans revenir avec Elfy, qui apportait le café et l'eau-de-vie, qu'elle posa sur la table.

« Ah! vous aimez la vengeance, général, dit Elfy en rentrant avec un visage joyeux. Je tâcherai de vous payer le tour que vous m'avez joué, mais à ma manière, en rendant le bien pour le mal. »

Et, se baissant vers le général, elle lui prit une main qu'elle baisa respectueusement.

ELFY.

Mon bon, mon cher général, pardonnez-moi ma familiarité, mais mon cœur déborde de reconnaissance. Je vous dois le bonheur de ma vie; comment pourrais-je avoir pour vous d'autres sentiments que ceux d'une respectueuse tendresse?

— Ma pauvre petite, ma chère enfant, balbutia le général ému en la serrant dans ses bras et en l'embrassant affectueusement. Pauvre enfant! excellent cœur! »

Le général, s'attendrissant de plus en plus, se leva de table à son tour et s'en alla dans sa chambre; Elfy souriait, Moutier aussi, madame Blidot riait, Jacques et Paul étaient surpris.

« Pourquoi il pleure, dit Paul, il veut son café, pauvre général; tante Elfy, donnez-lui son café, vous voyez bien qu'il pleurait.

JACQUES.

Ce n'est pas pour ça qu'il pleure, Paul; je crois que c'est parce qu'il voudrait rester toujours avec nous, ne jamais s'en aller.

PAUL.

Eh bien ! maman, gardez-le ce pauvre homme, il sera si content !

MADAME BLIDOT.

Il ne voudra pas, mon enfant; il s'ennuierait beaucoup. »

Le général rentra, le visage rouge, les cheveux ébouriffés, Paul s'élança au-devant de lui.

« Général, restez avec nous toujours; vous serez content, vous ne pleurerez plus ! »

Le général sourit, et, passant sa main sur la tête de Paul :

« Je ne peux pas rester, mon garçon, mais je vous emmènerai tous les deux avec moi si vous voulez.

PAUL.

Je ne veux pas m'en aller; je veux rester avec maman et tante Elfy.

LE GÉNÉRAL.

Et toi, Jacques, veux-tu ?

JACQUES.

Je ne veux pas quitter Paul, maman et tante Elfy. »

Jacques prit la main de Paul et l'emmena dans le coin le plus éloigné de la salle où ils se rencognèrent contre le mur.

Le général regardait ces deux jolis enfants, dont les cheveux bruns bouclés faisaient ressortir leurs charmants visages, leurs teints frais et leurs physionomies à la fois douces et décidées.

« Charmants enfants ! dit le général à mi voix. En vérité, je voudrais avoir ces enfants-là. Je les adopterais: ils n'ont ni père ni mère. Voyons, enfants, continua-t-il tout haut, venez avec moi, je serai votre petit papa; je vous aimerai bien; je vous donnerai tout mon argent; vous mangerez toute la journée tout ce que vous voudrez; vous serez heureux comme des rois. Voulez-vous?

JACQUES, *avec fermeté.*

Non, je ne veux pas ! J'aime maman, j'aime ma tante, j'aime mon bon ami Moutier, j'aime tout ici; je n'ai pas besoin d'argent; je n'ai pas besoin de manger; je ne veux pas plus que ce que j'ai.

PAUL.

Et moi je ne veux pas d'un papa si vieux, si gros, si rouge. J'aime mieux mon bon ami Moutier, qui n'est jamais en colère, qui ne crie jamais.

LE GÉNÉRAL, *se promenant les mains derrière le dos.*

Bien, bien, mes enfants, assez comme ça... C'est dommage ! Ces enfants me plaisent.... Je les aurais aimés... Je n'ai rien à aimer, moi. Tout le monde est mort chez moi !.... C'est ennuyeux pourtant ! et qu'est-ce que je ferai de mon argent? Puisque je n'aime personne chez moi ! Et ceux que j'aime ici ne veulent pas de moi. Pauvre Dourakine ! Je parais être heureux, et je suis très-malheureux ! Oh oui, mon pauvre Moutier, ma bonne madame Blidot, ma chère Elfy, je suis un pauvre homme bien à plaindre ! Personne ne m'aime, personne ne m'aimera. Pauvre, pauvre que je suis ! »

Et le général se jeta sur une chaise, appuya sa tête et son bras sur la table, et se mit à gémir tout haut. Ses trois amis, inquiets de cet accès de désespoir, s'approchèrent de lui pour essayer de quelques consolations. Tout à coup il se leva brusquement de dessus sa chaise et frappa la table de son poing. Madame Blidot, Elfy sautèrent en arrière, Jacques et Paul poussèrent un cri de frayeur ; Moutier lui-même fit un mouvement de surprise. Le général les regarda tous d'un air calme.

« Suis-je bête, dit-il, on n'est pas plus sot que je ne suis. Moi, malheureux ! et pourquoi malheureux ? Parce que je n'ai pas de famille ? Eh ! parbleu, je me ferai une famille ; ce n'est pas difficile. Je prendrai Torchonnet. Moutier, allez me chercher Torchonnet, dites au curé que je veux l'emmener, l'adopter, lui donner six cent mille roubles de revenu. Allez donc, mon ami.

— Mais, général, dit Moutier en souriant, je ne sais pas si M. le curé voudra.....

LE GÉNÉRAL.

Comment, s'il voudra ? Six cent mille roubles de revenu à un meurt-de-faim, à un Torchonnet ? Nous allons voir ça ! J'y vais moi-même. »

Et le général courut à la porte, sortit sans même prendre son chapeau, traversa la rue précipitamment et entra chez le curé.

Moutier resta ébahi ; madame Blidot et Elfy se regardaient avec surprise ; elles finirent par rire. « Il est un peu fou, » dit madame Blidot.

ELFY.

C'est dommage ! il est bon.

MOUTIER

Oh oui ! bien bon, Elfy ! Si vous saviez avec quelle patience il écoutait tous mes récits, avec quelle bonté et quelle délicatesse il me faisait accepter ce dont je manquais, et ce que mes moyens ne me permettaient pas de me donner ! Et comme il a été bon et prévoyant pour notre mariage ! il n'est pas fou, non ; il a toute sa raison mais il est bizarre et il se laisse aller à tous ses

Personne ne m'aime, personne ne m'aimera. (Page 177.)

premiers mouvements. Le voilà qui revient déjà. La conférence n'a pas été longue. »

Le général rentra aussi précipitamment qu'il était sorti.

« A-t-on idée d'un ours pareil ! dit-il en rentrant. Il ne veut pas... Et savez-vous pourquoi ? Parce que je suis schismatique ! Oui, mes amis ; c'est pour cela. Je suis schis...ma...tique ; il ne me trouve pas assez bon pour élever un Torchonnet. C'est incroyable ! Il est fou ce curé ! Et puis, quel droit a-t-il sur cet enfant ? il l'a volé à ces gueux de Bournier. De quel droit refuse-t-il la fortune de cet enfant ? Ah ! il croit pouvoir faire le maître ? Mais je plaiderai, moi ! J'irai me plaindre à mon ami le juge d'instruction ! Je ferai fourrer ce curé en prison ; et son Torchonnet avec lui, si celui-là aussi refuse de venir chez moi. Moutier, nous irons demain porter notre plainte au juge d'instruction.

MOUTIER.

Mais, mon général....

LE GÉNÉRAL.

Il n'y a pas de mais... Je veux mon Torchonnet.

MOUTIER.

Mon général, permettez-moi de vous faire observer que Torchonnet est un garçon mal élevé, qui vous ferait peut-être honte dans votre pays. Peut-être même est-il vicieux, ayant vécu avec des brigands.

LE GÉNÉRAL.

C'est vrai ça. Au fait, il doit jurer, voler, comme les coquins qu'il a servis. Ce serait joli ! Un comte Dourakine jurant comme un charretier ; volant dans les poches des voisins ! Et moi qui n'avais pas songé à cela ! Merci, mon brave Moutier · vous m'avez empêché de faire une fière sottise.

MOUTIER.

Vous ne l'auriez pas faite, mon général ! vous auriez eu le temps de la réflexion. En France, les adoptions ne sont pas faciles, et le petit est Français.

Le curé rit de bon cœur. (Page 183.)

LE GÉNÉRAL.

Tant mieux, mon ami, tant mieux. Je vais retourner chez le curé pour lui dire que je renonce à Torchonnet.

MOUTIER.

J'irai le lui dire, si vous voulez, mon général; car c'est toujours ennuyeux de se dédire.

LE GÉNÉRAL.

Je le veux bien, mon ami ; mais ne me ménagez pas;

dites-lui que je suis un triple sot, que je lui fais mes excuses des sottises que je lui ai lâchées, que j'irai demain lui en demander pardon moi-même.

MOUTIER.

Je ne dirai pas tout cela, général, mais je dirai, pour vous excuser, que vous êtes le meilleur des hommes. »

Moutier prit son képi et alla chez le curé. Il n'eut pas de peine à faire accepter les excuses du général; le curé rit de bon cœur avec Moutier de l'idée bizarre de l'adoption de Torchonnet, que du reste ils n'avaient pas prise au sérieux et à laquelle le général avait renoncé sans même la discuter.

XV

LE DÉPART

Lorsque Moutier fut de retour, Elfy lui reparla du départ pour les eaux.

« J'ai réfléchi, dit-elle, et je crois que le plus tôt sera le mieux, puisqu'il faut que ce soit.

MOUTIER.

Vous savez, Elfy, que le général s'est mis à votre disposition, et que c'est à vous à fixer le jour.

ELFY.

Et que diriez-vous si je disais comme le général, *demain?*

MOUTIER.

Je dirais : « Mon commandant, vous avez raison ; » et je partirais.

ELFY.

Merci, Joseph ; merci de votre confiance en mon commandement. Je vous engage, d'après cela, à faire vos préparatifs pour demain.

MOUTIER.

Il faut que j'en fasse part au général.

ELFY.

Oui, oui, et tâchez qu'il ne s'emporte pas et qu'il n'ait pas quelque idée... à sa façon. »

Moutier entra chez le général, qui écrivait.

MOUTIER.

Mon général, nous partons demain si vous n'y faites pas d'obstacle.

LE GÉNÉRAL.

Quand vous voudrez, mon ami ; je restais ici pour vous et pour Elfy, plus que pour moi ; je me porte bien et je suis prêt à continuer ma route. J'écrivais tout juste à un carrossier que je connais à Paris, de m'envoyer tout de suite une bonne voiture de voyage : ces coquins de Bournier m'ont volé la mienne et je suis à pied.

MOUTIER.

Mais, mon général, vous n'aurez pas votre voiture avant dix ou quinze jours : et que feriez-vous ici tout ce temps-là ? »

LE GÉNÉRAL.

Vous avez raison, mon cher ; mais encore me faut-il une voiture pour m'en aller. Je n'aime pas les routes par étapes, moi ; et comment trouver une bonne voiture dans ce pays ? »

Moutier tournait sa moustache ; il cherchait un moyen.

MOUTIER.

Si j'allais à la ville voisine en chercher une, mon général ?

LE GÉNÉRAL.

Allez, mon ami. Où est madame Blidot ?

MOUTIER.

Dans la salle, mon général, à servir quelques voyageurs avec Elfy.

LE GÉNÉRAL.

Demandez-leur donc s'il n'y pas de diligence qui passe par ici. »

Moutier sortit et rentra quelques instants après.

MOUTIER.

Mon général, il y en a une à deux lieues d'ici, correspondance du chemin de fer; elle passe tous les jours à midi.

LE GÉNÉRAL.

Si nous allions la prendre demain?

MOUTIER.

Je ne dis pas non, mon général; mais comment irez-vous?

LE GÉNÉRAL.

A pied, comme vous.

MOUTIER.

Mon général, pardon si je vous objecte que deux lieues, qui ne seraient rien pour moi, sont de trop pour vous.

LE GÉNÉRAL.

Pourquoi cela? Suis-je si vieux que je ne puisse plus marcher?

MOUTIER.

Pas du tout, mon général; mais... votre blessure...

LE GÉNÉRAL.

Eh bien! ma blessure..... Est-ce que vous n'en avez pas une comme moi? Une balle à travers le corps.

MOUTIER.

C'est vrai, mon général, mais... comme je suis plus mince que vous... alors...

LE GÉNÉRAL.

Alors quoi? Voyons, parlez, monsieur le sylphe.

MOUTIER.

Mon général... alors... alors la balle ayant eu moins de trajet à faire, a déchiré moins de chair.... et ma blessure est moins terrible. »

Le général la regarda fixement :

« Moutier, regardez-moi là (il montre son nez), et osez me regarder sans rire. (Moutier regarde, sourit et mord sa moustache pour ne pas rire tout à fait.) Vous voyez bien ! vous riez ! Pourquoi ne pas dire franchement : Général, vous êtes trop gros, trop lourd, vous resterez en route ! (Moutier veut parler.) Taisez-vous ! je sais ce que vous allez dire. Et moi je vous dis que je marche tout comme un autre, que j'irai à pied, quand même vous me trouveriez dix voitures pour me transporter.

MOUTIER.

Mon général, je suis tout à fait à vos ordres, mais je crains.... que vous ne vous fatiguiez beaucoup ; avec ça qu'il fait chaud.

LE GÉNÉRAL.

J'arriverai, mon ami, j'arriverai. A mes paquets maintenant. D'abord je laisse ici tous mes effets ; je n'emporte que l'or, que vous mettrez dans votre poche, le portefeuille, que j'emporte dans la mienne, du linge pour changer en route et mes affaires de toilette dans ma poche. J'achèterai là-bas ce qui me manquera. »

Le général, enchanté de partir à pied, en touriste, rentra rayonnant dans la salle où ne se trouvait plus qu'un seul voyageur, un soldat ; ce soldat se tenait à l'écart, ne s'occupait de personne, ne disait pas une parole ; son modeste repas tirait à sa fin. Le général le regardait attentivement. Il le vit tirer sa bourse, compter la petite somme qu'elle contenait et en tirer en hésitant une pièce d'un franc.

« Combien, Madame ? dit-il à madame Blidot.

MADAME BLIDOT.

Pain, deux sous; fromage, deux sous; cidre, deux sous; total, six sous ou trente centimes. »

Pain, deux sous....

Le visage du soldat s'anima d'un demi-sourire de satisfaction.

LE SOLDAT.

Je craignais d'avoir fait une dépense trop forte. Vous avez oublié les radis.

MADAME BLIDOT.

Oh! les radis ne comptent pas, Monsieur. »

Au moment où il allait payer, Elfy, à laquelle le général avait dit un mot à l'oreille, plaça devant le soldat une tasse de café et un verre d'eau-de-vie.

« Je n'ai pas demandé ça, dit le soldat d'un air moitié effrayé.

ELFY.

Je le sais bien, Monsieur ; aussi cela n'entre pas dans le compte ; nous donnons aux militaires la tasse et le petit verre par-dessus le marché. »

Le soldat se rassit et avala lentement et avec délices le café et l'eau-de-vie.

LE SOLDAT.

Bien des remercîments, Mamzelle, je n'oublierai pas l'*Ange-Gardien* ni ses aimables hôtesses. »

Le général s'approcha de lui.

« De quel côté allez-vous, mon brave ?

— Aux eaux de Bagnols, répondit le soldat surpris.

LE GÉNÉRAL.

J'y vais aussi. Nous pourrons nous retrouver au chemin de fer pour faire route ensemble.

LE SOLDAT.

Très-flatté, Monsieur, mais je vais à Domfront pour prendre la correspondance du chemin de fer...

LE GÉNÉRAL.

Et nous aussi. Parbleu ! ça se trouve bien ; nous partirons demain ! tous trois militaires ? Ça ira bien !

LE SOLDAT.

Il faut que je parte tout de suite, Monsieur ; on m'attend ce soir même pour une affaire importante. Bien fâché, Monsieur ! nous nous retrouverons à Bagnols. »

Le soldat porta la main à son képi et sortit avec le même air grave et triste qu'il avait en entrant. Sur le seuil de la porte, il aperçut Jacques et Paul qui rentraient en courant. Il tressaillit en regardant Jacques, le suivit des yeux avec intérêt et ne se mit en route que lorsqu'il eut entendu Jacques dire à madame Blidot :

« Maman, M. le curé est très-content de moi. »

Jacques fit voir ses notes et celles de Paul; elles étaient si bonnes que le général voulut absolument leur donner à chacun une pièce d'or.

« Prenez, mes enfants, prenez, dit-il; c'est l'adieu du prisonnier; ce ne serait pas bien de me refuser parce que je ne suis qu'un pauvre prisonnier.

JACQUES.

Oh! mon bon général, comment pouvez-vous croire?... vous qui êtes si bon.

LE GÉNÉRAL.

Alors prenez. » Et il leur mit à chacun la pièce d'or dans leur poche.

La journée s'acheva gravement; le général était pressé de partir et allait sans cesse déranger ses affaires, sous prétexte de les arranger. Moutier et Elfy étaient tristes de se quitter. Madame Blidot était triste de leur tristesse. Jacques regrettait son ami Moutier et même le général qui avait été si bon pour lui et pour Paul. On se sépara en soupirant, chacun alla se coucher. Le lendemain on se réunit pour déjeuner; il fallait partir avant neuf heures pour arriver à temps.

« Allons, dit le général se levant le premier, adieu, mes bonnes hôtesses, et à revoir. »

Il embrassa madame Blidot, Elfy, les enfants et se dirigea vers la porte. Moutier fit comme lui ses adieux, mais avec plus de tendresse et d'émotion. Et il suivit le général en jetant un dernier regard sur Elfy.

XVI

TORCHONNET SE DESSINE.

Jacques pleurait encore le départ de son ami; Paul lui essuyait les yeux avec son petit mouchoir et le re-

gardait avec anxiété. Elfy était allée ranger la chambre de Moutier, madame Blidot mettait en ordre celle du général qui avait tout jeté de tous côtés.

« A-t-on idée d'un sans-souci pareil? dit madame Blidot. Il n'a rien rangé; jusqu'à sa cassette qu'il a laissée ouverte. Tous ses bijoux, ses décorations en pierreries, son service en vermeil! Les voilà à droite, à gauche; c'est incroyable! Et c'est moi qui vais avoir à répondre de tout cela! Quel drôle d'homme? Je parie qu'il ne sait pas seulement ce qu'il a. »

Pendant qu'elle cherchait à rassembler les objets épars, Jacques entra.

JACQUES.

Maman, voici Pierre Torchonnet, qui est en colère après moi, de ce que je ne l'ai pas averti que le général partait; ai-je eu tort, croyez-vous?

MADAME BLIDOT.

Mais non, mon enfant, tu n'avais pas besoin d'avertir Torchonnet; pourquoi faire?

JACQUES.

Il dit que le général l'aurait emmené.

MADAME BLIDOT.

Emmené? En voilà une idée!
Torchonnet entre dans la chambre.

TORCHONNET.

Oui, certainement, il m'aurait emmené, puisqu'il voulait me prendre pour fils; c'est le curé qui l'en a empêché. Et si j'étais venu à temps ce matin, je serais parti avec lui; le curé n'a aucun droit sur moi; il ne peut pas empêcher le général de me prendre.

MADAME BLIDOT.

Torchonnet, ce que tu dis là est très-mal. M. le curé a bien voulu te prendre quand tu étais malheureux et abandonné, et il te garde par charité et pour ton bonheur.

TORCHONNET.

Et moi je ne veux pas rester avec lui. J'ai bien entendu ce que le général disait et ce que le curé répondait; il m'a empêché d'être riche et d'être un monsieur: et moi je ne veux pas rester chez lui à travailler et à m'ennuyer. Je veux qu'on me mène au général.

MADAME BLIDOT.

Il me semble, mon garçon, que ta langue s'est bien déliée depuis hier; tu n'étais pas aussi bavard ni aussi volontaire quand tu étais chez ton maître.

TORCHONNET.

Je n'ai plus de maître et je n'en veux plus. Je veux aller rejoindre le général.

MADAME BLIDOT.

Eh bien ! va le rejoindre, si tu peux, et laisse-nous tranquilles. Mon petit Jacques, viens m'aider à serrer tout cela.

TORCHONNET.

Qu'est-ce que vous avez là ? Ce sont les affaires du général. S'il me prend pour fils, tout sera à moi. Pourquoi les avez-vous prises ? Je le dirai aux gendarmes, quand je les verrai.

MADAME BLIDOT.

Dis ce que tu voudras, mauvais garçon, mais va-t'en : laisse-nous faire notre ouvrage. »

Torchonnet, au lieu de s'en aller, entra plus avant dans la chambre, et, sans que madame Blidot et Jacques s'en aperçussent, il saisit une timbale et un couvert en vermeil et les mit sous sa blouse, dans la poche de son pantalon. Jacques aidait madame Blidot à remettre en place les pièces du nécessaire de voyage; ils y réussirent avec beaucoup de peine, mais deux compartiments restaient vides.

JACQUES.

Il manque quelque chose, maman; on dirait que c'est un verre et un couvert qui manquent; voyez la forme des places vides.

MADAME BLIDOT.

C'est vrai! Nous avons peut-être mal mis les autres pièces.

Torchonnet s'esquiva pendant que madame Blidot et Jacques cherchaient à remplir les deux vides du nécessaire.

MADAME BLIDOT.

Impossible! mon ami; les deux pièces manquent, c'est certain.

Il saisit une timbale et un couvert. (Page 193.)

JACQUES.

Je suis pourtant bien sûr que tout était plein quand le général nous a ouvert ce beau nécessaire.

MADAME BLIDOT.

Il les a peut-être emportées. Ce qui est certain, c'est

que nous avons cherché partout, sans rien trouver... Est-ce que Torchonnet...?

JACQUES.

Oh! non, maman! Torchonnet est parti. Et puis, il ne ferait pas une vilaine chose comme ça. Jugez donc Il serait voleur!...

MADAME BLIDOT.

Mon bon Jacquot, tu es un bon et honnête enfant, toi; mais ce pauvre garçon, qui a vécu entouré de mauvaises gens, ne doit pas être grand'chose de bon. Vois comme il est ingrat. Tu l'as entendu nous menacer de gendarmes? Et pourtant voici trois ans et plus que tous les jours tu vas lui porter son dîner près du puits.

JACQUES.

C'est vrai, maman, mais il ne pensait pas à ce qu'il disait; je crois qu'il nous aime et qu'il vous a de la reconnaissance pour l'avoir nourri depuis trois ans.»

Madame Blidot ne répondit qu'en embrassant Jacques; elle enferma les bijoux et les autres effets du général dans une armoire dont elle emporta la clef, et envoya Jacques et Paul à l'école où ils allaient tous les jours. Elfy se mit à travailler; elle était triste, et sa sœur fut assez longtemps avant de pouvoir la faire sourire. Vers le milieu du jour, les voyageurs commencèrent à arriver, ce qui donna aux deux sœurs assez d'occupation pour les empêcher de penser aux absents.

Quand Torchonnet rentra au presbytère, le curé lui demanda s'il avait été à l'école.

TORCHONNET.

Non, je ne sais rien, et l'école m'ennuie.

LE CURÉ.

C'est parce que tu ne sais rien que l'école t'ennuie! quand tu sauras quelque chose, tu t'y amuseras.

TORCHONNET.

C'est trop difficile.

LE CURÉ.

Mon pauvre enfant, ce que tu faisais chez ton méchant maître était bien plus difficile, et tu l'as fait pourtant.

TORCHONNET.

Parce que j'y étais forcé.

LE CURÉ.

Il faudra bien que tu apprennes à lire, à écrire et à

Il faudra que tu apprennes à lire....

compter, sans quoi tu ne pourras te placer nulle part.

TORCHONNET.

Je n'ai pas besoin de me placer.

LE CURÉ.

Toi, plus qu'un autre, mon enfant, parce que tu n'as pas de parents pour te venir en aide.

TORCHONNET.

Bah! bah! Je sais ce que je sais.

LE CURÉ.

Et que sais-tu, mon enfant, que je ne sache pas?

TORCHONNET.

Oh! vous le savez bien aussi ; seulement vous faites semblant de ne pas savoir.

LE CURÉ.

Je t'assure que je ne comprends pas où tu veux en venir.

TORCHONNET.

J'en veux venir à vous dire que vous n'êtes pas mon maître, que le général voulait me donner tout son argent et me faire son fils, que c'est vous qui l'en avez empêché, et que je veux, moi, être riche et devenir un beau monsieur. »

Le bon curé, stupéfait de la hardiesse et des reproches de ce garçon qui, trois jours auparavant, tremblait devant tout le monde, resta muet, le regardant avec surprise.

TORCHONNET.

Vous faites semblant de ne pas comprendre ! Vous croyez que je n'ai pas entendu ce que vous a dit le général et comment vous avez refusé de me donner, comme si j'étais à vous. Le général m'aime, et il me prendra à son retour, et vous verrez alors ce que je ferai.

— Pauvre, pauvre enfant, dit le curé les larmes dans les yeux et la voix tremblante d'émotion. Pauvre petit ! Tu fais le mal sans le savoir ; personne ne t'a appris ce qui est mal et ce qui est bien !... Tu crois, mon enfant, que le général t'aurait emmené? que c'est moi qui l'en ai empêché? Je sais que je n'ai pas le droit de te retenir malgré toi ; que tu peux t'en aller tout de suite si tu le veux. Mais où iras-tu? Que feras-tu? Qui te nourrira et te logera? Ce que je fais pour toi, je le fais par charité, pour l'amour de Dieu, pour te venir en aide, à toi, pauvre petite créature du bon Dieu. Le général a eu l'idée de te prendre ; elle lui a passé de suite, il en a ri lui-même.

TORCHONNET.

Comment le savez-vous, puisqu'il n'est pas revenu vous voir?

LE CURÉ.

Il m'a envoyé Moutier pour me le faire savoir. Je te pardonne ce que tu viens de dire, mon ami, et je ne t'en offre pas moins un asile chez moi tant que tu ne trouveras pas mieux. Mettons-nous à table et dînons sans songer à ce qui s'est passé entre nous. »

Le bon curé passa dans la salle où l'attendaient son dîner et sa servante ; Torchonnet, un peu honteux, demi-repentant et indécis, se mit à table et mangea comme s'il n'avait rien qui le troublât. Il n'en fut pas de même du curé, qui était triste et qui réfléchissait sur les moyens de ramener Torchonnet à de meilleurs sentiments. Il résolut de redoubler de bonté à son égard et de n'exiger de lui que de s'abstenir de mal faire.

XVII

PREMIÈRE ÉTAPE DU GÉNÉRAL.

Pendant que Torchonnet volait, injuriait ses bienfaiteurs, pendant que Jacques le défendait et gagnait à l'école des bons points et des éloges, pendant qu'Elfy comptait les heures et les jours qui la séparaient de son futur mari, pendant que madame Blidot veillait à tout, surveillait tout et pensait au bien-être de tous, le général marchait d'un pas résolu vers Domfront, escorté de Moutier qui le regardait du coin de l'œil avec quelque inquiétude ; pendant la première demi-lieue, le général avait été leste et même trop en train ; à mesure qu'il avançait, son pas se ralentissait, s'alourdissait ; il suait, il s'éventait avec son mouchoir, il soufflait comme les chevaux fatigués. Moutier lui proposa de se reposer un instant sur un petit tertre au pied d'un arbre ; le général refusa et commença à s'agiter ; il ôta son chapeau, s'essuya le front.

LE GÉNÉRAL.

Il fait diantrement chaud, Moutier ; depuis Sévastopol, je n'aime pas la grande chaleur ; en avons-nous eu là-bas ! Quelle cuisson ! et pas un abri... J'ai envie d'ôter ma redingote, c'est si chaud ces gros draps !

NOUTIER.

Donnez-la-moi, que je la porte, mon général; elle vous chargerait trop.

Il ôta son chapeau et s'essuya le front. (Page 199.)

LE GÉNÉRAL.

Du tout, mon cher; laissez donc. A la guerre comme à la guerre. »

Le général fit quelques pas.

LE GÉNÉRAL.

Saprelote ! qu'il fait chaud !

MOUTIER.

Donnez, mon général ; cela vous écrase.

LE GÉNÉRAL.

Et vous donc, parbleu ? Si c'est lourd pour moi, ce l'est aussi pour vous.

MOUTIER.

Moi, mon général, je n'ai pas passé par tous les grades pour arriver au vôtre, et je puis porter votre redingote sans fatigue aucune.

LE GÉNÉRAL.

Ce qui veut dire que je suis une vieille carcasse bonne à rien, tandis que vous, jeune, beau, vigoureux, tout vous est possible.

MOUTIER.

Ce n'est pas ce que je veux dire, mon général ; mais je pense à ce qu'il m'a fallu endurer de fatigues, de souffrances, de privations de toutes sortes pour arriver au grade de sergent ; et je m'incline avec respect devant votre grade de général que vous avez conquis à la pointe de votre sabre.

Le général parut content, sourit, passa la redingote à Moutier et lui serra la main.

« Merci, mon ami, vous savez flatter doucement, agréablement, et sans vous aplatir, parce que vous êtes bon. Elfy sera heureuse ! Elle a de la chance d'être tombée sur un mari comme vous !... Sapristi ! que la route est longue ! »

Le pauvre gros général traînait la jambe ; il n'en pouvait plus. Il regardait du coin de l'œil la droite et la gauche de la route, pour découvrir un endroit commode pour se reposer ; il en aperçut un qui remplissait toutes les conditions voulues ; un léger monticule na pied d'un arbre touffu, pas de pierres, de la mousse et de l'herbe. Moutier voyait bien la manœuvre du général qui tournait, s'arrêtait, soupirait, boitait, mais qui n'osait pas avouer son extrême fatigue. Enfin, voyant que Moutier ne disait mot et n'avait l'air de s'apercevoir de rien, il s'arrêta :

« Mon bon Moutier, dit-il, vous êtes en nage, ma redingote vous assomme, asseyons-nous ici ; c'est un bon petit endroit, fait exprès pour vous redonner des forces.

MOUTIER.

Je vous assure, mon général, que je ne suis pas fatigué et que j'irais du même pas jusqu'à la fin du jour.

LE GÉNÉRAL.

Non, Moutier, non ; je vois que vous avez chaud, que vous êtes fatigué.

MOUTIER.

Pour vous prouver que je ne le suis pas, mon général, je vais accélérer le pas. »

Et Moutier, riant sous cape, prit le trot gymnastique des chasseurs d'Afrique. Le pauvre général, qui se sentait à bout de force, se mit à crier, à appeler.

« Moutier ! arrêtez ! Comment, diantre, voulez-vous que je vous suive ? Puisque je vous dis que je suis rendu, que je ne peux plus avancer un pied devant l'autre. Voulez-vous bien revenir... Diable d'homme ! il fait exprès de ne pas entendre. »

Moutier se retourna enfin, revint au pas de course vers le général et le trouva assis au pied de cet arbre, sur ce tertre que Moutier refusait.

« Comment, mon général, vous voilà resté ? Je croyais que vous me suiviez.

LE GÉNÉRAL, *avec humeur.*

Comment voulez-vous que je suive un diable

d'homme qui marche comme un cerf? Est-ce que j'ai les allures d'un cerf, moi? Suis-je taillé comme un cerf? Est-ce qu'un homme de mon âge, de ma corpulence, blessé, malade, peut courir pendant des lieues sans seulement souffler ni se reposer?

MOUTIER.

Mais c'est tout juste ce que je vous disais, mon général; vous n'avez pas voulu me croire.

LE GÉNÉRAL.

Vous me le disiez comme pour me narguer, en vous redressant de toute votre hauteur et prêt à faire des

Il le trouva assis au pied d'un arbre. (Page 202.)

gambades, pour faire voir à Elfy votre belle taille élancée, votre tournure leste, et pour faire la comparaison avec mon gros ventre, ma taille épaisse, mes lourdes jambes. On a son amour-propre, comme je vous l'ai dit jadis, et on ne veut pas, devant une jeune fille et une jeune femme, passer pour un infirme, un podagre, un vieillard décrépit.

MOUTIER.

Je vous assure, mon général...

LE GÉNÉRAL.

Je vous dis que ce n'est pas vrai, que c'est comme ça.

MOUTIER.

Mais, mon général...

LE GÉNÉRAL.

Il n'y a pas de mais; vous croyez que je n'ai pas vu votre malice de vous mettre à courir comme un dératé pour me narguer. Vous vous disiez : Tu t'assoiras, mon bonhomme; tu te reposeras, mon vieux ! Je cours, toi tu t'arrêtes; je gambade, toi tu tombes. Vivent les jeunes ! A bas les vieux ! Voilà ce que vous pensiez, Monsieur; et votre bouche souriante en dit plus que votre langue.

MOUTIER.

Je suis bien fâché, mon général, que ma bouche...

LE GÉNÉRAL.

Fâché ? par exemple ! Vous êtes enchanté; vous riez sous cape; vous voudriez me voir tirer la langue et traîner la jambe, et que je restasse en chemin, pour dire : Voilà pour punir l'orgueil de ce vieux tamis criblé de balles et de coups de baïonnette ! Car j'en ai eu des blessures; personne n'en a eu comme moi. Oui, Monsieur, quoi que vous en disiez; quand vous m'avez ramassé à Malakoff, au moment où j'allais sauter une seconde fois, j'avais plus de cinquante blessures sur le corps; et sans vous, Monsieur, je ne m'en serais jamais tiré; c'est vous qui m'avez sauvé la vie, je le répète et je le redirai jusqu'à la fin de mes jours; et vous avez beau me lancer des regards furieux (ce qui est fort inconvenant de la part d'un sergent à un général), vous ne me ferez pas taire, et je crierai sur les toits : C'est Moutier, le brave sergent des zouaves, qui m'a sauvé au risque de périr avec moi et pour moi; et je ne l'oublierai jamais, et je l'aime, et je ferai tout ce qu'il voudra, et il fera de moi ce qu'il voudra. »

Le général, ému de sa colère passée et de son attendrissement présent, tendit la main à Moutier et voulut se relever, mais il retomba. Moutier s'assit près de lui

« Reposons-nous encore, mon général; je ne fais qu'arriver; moi aussi j'ai une blessure qui me gêne pour marcher, et je serais bien aise de...

— Vrai? dit le général avec une satisfaction évidente; vous avez vraiment besoin de vous reposer?

MOUTIER.

Très-vrai, mon général. Ce que vous avez pris pour de la malice était de la bravade, de l'entrain de zouave. Ah! qu'il fait bon se reposer au frais! » continua-t-il, en s'étendant sur l'herbe comme s'il se sentait réellement fatigué.

Le général, enchanté, se laissa aller et s'appuya franchement contre l'arbre; il ferma les yeux et ne tarda pas à s'endormir. Quand Moutier l'entendit légèrement ronfler, il se releva lestement et partit au trot, laissant près du général un papier sur lequel il avait écrit : « Attendez-moi, mon général, je serai bientôt de retour. »

Le général dormait, Moutier courait; il paraît que sa blessure ne le gênait guère, car il courut sans s'arrêter jusqu'à Domfront; il demanda au premier individu qu'il rencontra où il pourrait trouver une voiture à louer; on lui indiqua un aubergiste qui louait de tout; il y alla, fit marché pour une carriole, un cheval et un conducteur, fit atteler de suite, monta dedans et fit prendre au grand trot la route de Loumigny ; il ne tarda pas à arriver au tertre et à l'arbre où il avait laissé le général ; personne ! Le général avait disparu, laissant sa redingote, que Moutier avait déposée par terre près de lui.

Le pauvre Moutier eut un instant de terreur. Le cocher, voyant l'altération de cette belle figure si franche, si ouverte, si gaie, devenue sombre, inquiète, presque terrifiée, lui demanda ce qui causait son inquiétude.

MOUTIER.

J'avais laissé là ce bon général, éreinté et endormi. Je ne retrouve que sa redingote. Qu'est-il devenu ?

LE COCHER.

Il s'en est peut-être retourné, ne vous voyant pas venir.

MOUTIER.

Tiens, c'est une idée ! Merci, mon ami ; continuons alors jusqu'à Loumigny. »

Le cocher fouetta son cheval, qui repartit au grand trot ; ils ne tardèrent pas à arriver à l'*Ange-Gardien*. Moutier sauta à bas de la carriole, entra précipitamment et se trouva en face du général en manches de chemise, son gros ventre se déployant dans toute son ampleur, la face rouge comme s'il allait éclater, la bouche béante, les yeux égarés par la surprise.

Le général fut le premier à le reconnaître.

« Que veut dire cette farce, Monsieur ? Suis-je un Polichinelle, un Jocrisse, un pierrot, pour que vous vous permettiez un tour pareil ? Me planter là au pied d'un arbre ! me perdre comme le Petit-Poucet ! Profiter d'un sommeil que vous avez perfidement provo-

Il se leva lestement et partit au trot. (Page 205.)

qué, en feignant vous-même de dormir! Qu'est-ce, Monsieur? Dites! Parlez!

MOUTIER.

Mon général.....

LE GÉNÉRAL.

Pas de vos paroles mielleuses, Monsieur! Expliquez-vous.... Dites....

MOUTIER *vivement*.

Et comment voulez-vous que je m'explique, mon général, quand vous ne me laissez pas dire un mot?

Moutier sauta à bas de la carriole. (Page 206.)

LE GÉNÉRAL.

Parlez, monsieur l'impatient, le colère, l'écervelé, parlez! nous vous écoutons.

MOUTIER.

Je vous dirai en deux mots, mon général, que, vous voyant éreinté, n'en pouvant plus, j'ai profité de votre sommeil....

LE GÉNÉRAL.

Pour vous sauver, parbleu; je le sais bien.

MOUTIER.

Mais non, mon général ; pour courir au pas de charge jusqu'à Domfront, vous chercher une voiture que j'ai trouvée, que j'ai amenée au grand trot du cheval, et qui est ici à la porte, prête à vous emmener, puisqu'il faut que nous partions. Et à présent, mon général, que je me suis expliqué, je dois dire deux mots à Elfy, qui rit dans son petit coin. »

Et, allant à Elfy, il lui parla bas et lui raconta quelque chose de plaisant sans doute, car Elfy riait et Moutier souriait. Il faut dire que l'entrée du général en manches de chemise, descendant péniblement de dessus un âne à la porte de l'*Ange-Gardien*, avait excité la gaieté d'Elfy et de sa sœur, et qu'elle était encore sous cette impression. Le général ne bougeait pas ; il restait au milieu de la salle, les bras croisés, les jambes écartées ; ses veines se dégonflaient, la rougeur violacée de son visage faisait place au rouge sans mélange ; ses sourcils se détendaient, son front se déridait.

LE GÉNÉRAL.

Mon brave Moutier, mon ami, pardonne-moi ; je n'ai pas le sens commun. Partons vite dans votre carriole ; bonne idée, ma foi ! excellente idée ! »

Et le général dit adieu aux deux sœurs, serra les mains de Moutier, qui pardonnait de bon cœur et venait en aide au général pour passer sa redingote et le hisser dans la carriole, où il prit place près de lui.

Quand ils furent à quelque distance du village, Moutier demanda au général pourquoi il ne l'avait pas attendu, et comment il avait pu refaire la route jusqu'à Loumigny.

« Mon cher, quand je me suis réveillé, j'étais seul ;

Ce coquin d'âne avait le trot d'un dur..... (Page 213.)

désolé d'abord, en colère ensuite, je ne savais que faire, où aller, lorsque j'ai aperçu votre papier.

« L'attendre ! me suis-je dit, je t'en souhaite ! Moi, général, attendre un sergent ! Non, mille fois non. Ah ! il me plante là ! (J'étais en colère, vous savez.) Il me fait croquer le marmot à l'attendre ! Moi aussi, je lui jouerai un tour ; moi aussi, je vais me promener de mon côté pendant qu'il se promène du sien. (Toujours en colère, n'oubliez pas.) Alors je me lève : je me sentais bien reposé, je fais volte-face et je reprends le chemin de notre bon *Ange-Gardien*. Je rencontre un bonhomme avec un âne, je lui demande de monter dessus (car j'étais essoufflé ; j'avais marché vite pour vous échapper) ; le bonhomme hésite ; je lui donne une pièce de cinq francs ; il ôte son bonnet, salue jusqu'à terre, m'aide à monter sur le grison, monte en croupe derrière moi, et nous voilà partis au trot. Ce coquin d'âne avait le trot d'un dur ! il me secouait comme un sac de noix. Nous avions, je pense, un air tout drôle. Tous ceux qui nous rencontraient riaient et se retournaient pour nous voir encore. Je suis arrivé à l'*Ange-Gardien*. Elfy a poussé un cri et est devenue pâle comme la lune ; je l'ai bien vite rassurée sur vous, car c'est pour vous, mauvais sujet, qu'elle a pâli ; et moi, vous croyez qu'elle a eu peur en me voyant revenir en manches de chemise, à âne, avec un bonhomme en croupe ? ah ! bien oui ! peur ! Elle s'est sauvée pour rire à son aise. Il y avait bien de quoi, en vérité ! Elle m'a envoyé madame Blidot. Celle-là est une bonne femme ! pas une petite folle comme votre Elfy.... Allons, voyons, vous voilà rouge comme un homard ; vos yeux me lancent des éclairs ! On peut bien dire d'une jeune et jolie fille qu'elle est une petite folle !... A la bonne heure !

vous riez à présent. Il n'y avait pas une demi-heure que j'y étais lorsque vous êtes arrivé comme un ouragan. Je ne m'y attendais pas, je l'avoue; j'ai été pris par surprise.

Moutier raconta à son tour sa consternation quand il n'avait pas retrouvé le général. La route ne fut pas longue. Ils arrivèrent à Domfront, trop tard pour prendre la correspondance; le général loua une voiture, qui heureusement, était attelée d'un excellent cheval, et ils arrivèrent à temps pour le départ du chemin de fer de quatre heures.

XVIII

LES NAUX.

Après avoir dîné un peu à la hâte, ils allèrent prendre leurs billets au guichet; le général reconnut le soldat qu'il avait vu la veille à l'*Ange-Gardien*.

« Trois billets, Moutier; trois de premières ! » s'écria le général.

Moutier lui en passa deux et en garda un, sans comprendre le motif de cette nouvelle fantaisie du général. Celui-ci donna un des billets au soldat, qui le suivait de près; le soldat porta la main à son képi et remercia le général quand il l'eut rejoint. Ils montèrent tous trois dans le même wagon, Moutier ayant été expédié en éclaireur pour garder les trois places.

Pendant la route, le général fit plus ample connaissance avec le soldat, qui avait fait, comme lui, la campagne de Crimée; la réserve polie du soldat, ses réponses claires et modestes, son ensemble honnête et intelligent plurent beaucoup au général, facile à engouer et toujours extrême dans ses volontés; il résolut de l'attacher à son service à tout prix, le soldat lui ayant appris qu'il était libre, sans occupation et sans aucune ressource pécuniaire. Le voyage se passa, du reste, sans événements majeurs; par-ci par-là, quelques légères discussions du général avec les employés, avec ses voisins du wagon, avec les garçons de table d'hôte. On finissait toujours par rire de lui et avec lui, et par y gagner soit une pièce d'or, soit un beau fruit, ou un verre de champagne; ou même une invitation à visiter sa terre de Gromiline, près Smolensk..., quand il ne serait plus prisonnier.

Ils arrivèrent aux eaux de Bagnols, près d'Alençon.

En quittant la gare, le soldat voulut prendre congé du général.

LE GÉNÉRAL.

Comment! Pourquoi voulez-vous me quitter? Vous ai-je dit ou fait quelque sottise? Me trouvez-vous trop ridicule pour rester avec moi?

LE SOLDAT.

Pour ça, non, mon général; mais je crains d'avoir déjà été bien indiscret en acceptant toutes vos bontés, et...

LE GÉNÉRAL.

Et, pour m'en remercier, vous me plantez là comme un vieil invalide plus bon à rien. Merci, mon cher, grand merci.

LE SOLDAT.

Mon général, je serais très-heureux de rester avec vous.

LE GÉNÉRAL

Alors, restez-y, que diantre! »

Le soldat regardait d'un air indécis Moutier, qui retenait un sourire et qui lui fit signe d'accepter. Le général les observait tous deux, et, avant que le soldat eût parlé :

LE GÉNÉRAL.

A la bonne heure! c'est très-bien. Vous restez à

mon service; je vous donne cent francs par mois, défrayé de tout... Quoi, qu'est-ce? Vous n'êtes pas content? Alors je double : deux cents francs par mois.

LE SOLDAT.

C'est trop, mon général, beaucoup trop; nourrissez-moi et payez ma dépense; ce sera beaucoup pour moi.

LE GÉNÉRAL.

Qu'est-ce à dire, Monsieur? Me prenez-vous pour un ladre? Me suis-je comporté en grigou à votre égard? De quel droit pensez-vous que je me fasse servir pour rien par un brave soldat, qui porte la médaille de Crimée, qui a certainement mérité cent fois ce que je lui offre, et dont j'ai un besoin urgent, puisque je me trouve sans valet de chambre, que je suis vieux, usé, blessé, maussade, ennuyeux, insupportable? Demandez à Moutier, qui se détourne pour rire; il vous dira que tout ça c'est la pure vérité. Répondez, Moutier, rassurez ce brave garçon.

MOUTIER, *se retournant vers le soldat.*

Ne croyez pas un mot de ce que vous dit le général, mon cher, et entrez bravement à son service! vous ne rencontrerez jamais un meilleur maître.

LE GÉNÉRAL.

Je devrais vous gronder de votre impertinence, mon ami, mais vous faites de moi ce que vous voulez. Allons chercher un logement pour nous trois. Comment vous appelez-vous (s'adressant au soldat)?

LE SOLDAT.

Jacques Dérigny, mon général.

LE GÉNÉRAL.

Je ne peux pas vous appeler Jacques, pour ne pas

confondre avec mon petit ami Jacques; vous serez Dérigny pour moi et pour Moutier.

Ils arrivèrent au grand hôtel de l'établissement. Le général arrêta pour un mois le plus bel appartement au rez-de-chaussée et s'y établit avec sa suite. Le garçon lui demanda s'il fallait aller chercher son bagage. Le général le regarda avec ses grands yeux malins, sourit et répondit :

« J'ai tout mon bagage sur moi, mon garçon. Ça vous étonne? C'est pourtant comme ça.

— Et... ces messieurs ?...

— Ces messieurs font partie de ma suite, mon garçon : ils ne sont pas mieux montés que moi. »

Le garçon regarda le général d'un air sournois et sortit sans mot dire. Le général, se doutant bien de ce qui allait se passer, se frottait les mains et riait. Peu d'instants après, le maître d'hôtel entra d'un air fort grave, salua légèrement et dit au général :

L'HÔTE.

Monsieur, on a commis une erreur en vous indiquant ce bel appartement; il est promis, et vous ne pouvez y rester.

LE GÉNÉRAL, *d'un air décidé*.

Vraiment? Et pourtant j'y resterai ; oui, Monsieur, j'y resterai.

L'HÔTE.

Mais, Monsieur, puisqu'il est retenu.

LE GÉNÉRAL.

J'attendrai, Monsieur, que la personne en question soit arrivée, et je m'arrangerai avec elle; en attendant, j'y reste, puisque j'y suis.

L'HÔTE.

Monsieur, quand on n'a pas de bagage, on paye d'avance. »

Le général cligna de l'œil, en regardant Moutier, et fit semblant d'être embarrassé; il se gratta la tête.

« Monsieur, dit-il, jamais on ne m'a fait des conditions pareilles; je n'ai jamais payé d'avance.

— C'est que, Monsieur, riposta l'hôte d'un air demi-impertinent, les gens qui n'ont pas de bagage ont assez souvent l'habitude de ne pas payer du tout, quand on ne les fait pas payer d'avance.

LE GÉNÉRAL.

Monsieur, ces gens-là sont des voleurs.

L'HÔTE.

Je ne dis pas non, Monsieur.

LE GÉNÉRAL.

Ce qui veut dire que vous me prenez pour un voleur.

L'HÔTE.

Je ne l'ai pas dit, Monsieur.

LE GÉNÉRAL

Mais il est clair que vous le pensez, Monsieur. »

L'hôte se tut. Le général se plaça à six pouces de lui, le regardant bien en face.

« Monsieur, vous êtes un insolent, et moi je suis un honnête homme, un brave homme, un bon homme; et je suis le comte Dourakine, Monsieur, général prisonnier sur parole, Monsieur; et j'ai six cent mille roubles de revenu, Monsieur; et voici mon portefeuille bourré de billets de mille francs (il montre son portefeuille), et voici ma sacoche (il tire la sacoche de la poche de Moutier); et je vous aurais payé votre appartement le double de ce qu'il vaut, Monsieur; et je l'aurais payé d'avance, Monsieur, un mois tout entier, Monsieur; et maintenant vous n'aurez rien, car je m'en vais me loger ailleurs, Monsieur. Venez, Moutier; venez, Dérigny. »

Le général enfonça son chapeau sur sa tête en face de l'hôte ébahi et désolé. Il fit un pas, l'hôte l'arrêta :

« Veuillez m'excuser, monsieur le comte. Je suis désolé; pouvais-je deviner? Mon garçon me dit que vous n'avez pas même une chemise de rechange. L'année dernière, Monsieur, j'ai été volé ainsi par un prétendu comte autrichien, qui était un échappé du bagne et qui m'a fait perdre plus de deux mille francs. Veuillez me pardonner, monsieur le comte, nous autres, pauvres aubergistes, nous sommes si souvent trompés! Si monsieur le comte savait combien je suis désolé!...

LE GÉNÉRAL.

Désolé de ne pas empocher mes pièces d'or, mon brave homme, hein!

L'HÔTE.

Je suis désolé que monsieur le comte puisse croire...

— Allons, allons, en voilà assez, dit le général en riant. Combien faites-vous votre appartement par mois et la nourriture première qualité, pour moi et pour mes amis, qui doivent être traités comme des princes? »

L'hôte réfléchit en reprenant un air épanoui et en saluant plus de vingt fois le général et *ses amis* comme il les avait désignés.

L'HÔTE.

Monsieur le comte, l'appartement, mille francs; la nourriture, comme monsieur le comte la demande, mille francs également, y compris l'éclairage et le service.

LE GÉNÉRAL.

Voici deux mille francs, Monsieur. Laissez-nous tranquilles, maintenant. »

L'hôte salua très-profondément et sortit. Le général, regarda Moutier d'un air triomphant et dit en riant :

« Le pauvre diable ! a-t-il eu peur de me voir partir! Au fond, il avait raison, et j'en aurais fait autant à sa place. Nous avons l'air de trois chevaliers d'industrie, de francs voleurs. Trois hommes sans une malle, sans un paquet, qui prennent un appartement de mille francs !

MOUTIER.

Tout de même, mon général, il aurait pu être plus poli et ne pas nous faire entendre qu'il nous prenait pour des voleurs.

LE GÉNÉRAL.

Mon ami, c'est pour cela que je lui ai fait la peur qu'il a eue. A présent que nous voilà logés, allons acheter ce qu'il nous faut pour être convenablement montés en linge et en vêtements. »

Le général partit, suivi de son escorte ; il ne trouva pas à Bagnols les vêtements élégants et le linge fin qu'il rêvait, mais il y trouva de quoi se donner l'apparence d'un homme bien monté. Il voulut faire aussi le trousseau de Moutier et de Dérigny, et il leur aurait acheté une foule d'objets inutiles, si tous deux ne s'y fussent vivement opposés.

Le séjour aux eaux se passa très-bien pour le général, qui s'amusait de tout, qui faisait et disait des originalités partout, qui demandait en mariage toutes les jeunes filles au-dessus de quinze ans, qui invitait toutes les personnes gaies et agréables à venir le voir en Russie, à Gromiline, près Smolenks, qui mangeait et buvait toute la journée. Moutier et Dérigny passèrent leur temps posément, un peu tristement, car Moutier attendait avec impatience l'heure du retour, qui devait le ramener et le fixer à jamais à l'*Ange-Gardien*, près d'Elfy ; et Dérigny était en proie à un chagrin secret qui le minait et qui altérait même sa santé. Moutier chercha vainement à gagner sa confiance ; il ne put obtenir l'aveu de ce chagrin. Le général lui-même eut beau demander, presser, se fâcher, menacer, jamais il ne put rien découvrir des antécédents de Dérigny. Jamais aucun manquement de service ne venait agacer l'humeur turbulente du général ; jamais Dérigny ne lui faisait défaut ; toujours à son poste, toujours prêt, toujours serviable, exact, intelligent, actif, il était proclamé par le général la perle des serviteurs ; du reste, insouciant pour tout ce qui ne regardait pas son service, il refusait l'argent que lui offrait le général ; et quand celui-ci insistait :

« Veuillez me le garder, mon général ; je n'en ai que faire à présent. »

Quand vint le jour du départ, le général était radieux, Moutier bondissait de joie, Dérigny restait triste et grave.

On partit enfin après des adieux triomphants pour le général, qui avait répandu l'or à pleines mains à l'hôtel, aux bains, partout.

Plus de deux cents personnes le conduisirent avec des bénédictions, des supplications de revenir, des vivats, qu'il récompensa en versant dans chaque main un dernier tribut de la fortune à la pauvreté.

XIX

COUP DE THÉATRE.

Le voyage ne fut pas long. Partis le matin, nos trois voyageurs arrivèrent pour dîner à Loumigny, et pas à pied, comme au départ.

Madame Blidot, Elfy, Jacques et Paul, qui avaient été prévenus par Moutier de l'heure du retour, les reçurent avec des cris de joie. Moutier présenta Dérigny à madame Blidot et à Elfy. Lorsque Moutier lui amena Jacques et Paul pour les embrasser, Dérigny les saisit dans ses bras, les embrassa plus de dix fois, et se troubla à tel point qu'il fut obligé de sortir. Moutier et les enfants le suivirent.

MOUTIER.

Qu'avez-vous, mon ami ? Quelle agitation !

DÉRIGNY.

Mon Dieu ! mon Dieu ! soutenez-moi dans cette nouvelle épreuve. Oh ! mes enfants ! mes pauvres enfants ! »

Jacques s'approcha de lui les larmes aux yeux, le regarda longtemps.

« C'est singulier, dit-il en passant la main sur son front, papa a dit comme cela quand il est parti.

DÉRIGNY.

Comment t'appelles-tu, enfant ?

JACQUES.

Jacques.

DÉRIGNY.

Et ton frère ?

JACQUES.

Paul. »

Dérigny poussa un cri étouffé, voulut faire un pas, chancela, et serait tombé si Moutier ne l'avait soutenu.

DÉRIGNY.

Dites-moi pour l'amour de Dieu, cette dame d'ici, est-elle votre maman ?

— Oui, dit Paul.

— Non, dit Jacques ; Paul ne sait pas ; il était trop petit ; notre vraie maman est morte ; celle-ci est une maman très-bonne, mais pas vraie.

— Et... votre père ? demanda Dérigny d'une voix étranglée par l'émotion.

JACQUES.

Papa ? Pauvre papa ! les gendarmes l'ont emmené... »

Jacques n'avait pas fini sa phrase que Dérigny l'avait saisi dans ses bras, ainsi que Paul, en poussant un cri qui fit accourir le général et les deux sœurs.

Le pauvre Dérigny voulut parler, mais la parole expira sur ses lèvres, et il tomba comme une masse serrant encore les enfants contre son cœur.

Moutier avait amorti sa chute en le soutenant à demi ; aidé des deux sœurs, il dégagea avec peine Jacques et Paul de l'étreinte de Dérigny. Lorsque Jacques put parler, il fondit en larmes et s'écria :

« C'est papa, c'est mon pauvre papa ! Je l'ai presque reconnu quand il a dit : « Mes pauvres enfants ! » et surtout quand il nous a embrassés si fort ; c'est comme ça qu'il a dit et qu'il a fait quand les gendarmes sont venus. »

Il tomba comme une masse. (Page 224.)

Le cri poussé par Dérigny avait attiré aux portes presque tous les voisins de l'*Ange-Gardien*, et un rassemblement considérable ne tarda pas à se former. Les premiers venus répondaient aux interrogations des derniers accourus.

« Qu'est-ce? demandait une bonne femme.

— C'est un homme qui vient de tomber mort de besoin.

— Pourquoi les petits pleurent-ils?

— Parce qu'ils ont bon cœur, ces enfants! Ce n'est-il pas terrible de voir un homme mourir de besoin à votre porte?

— Voyez donc ce gros, comme il se démène! Il va tous les écraser, s'il tombe dessus.

— C'est le monsieur que les Bournier ont assassiné.

— Comment donc qu'il a fait pour en revenir?

— C'est parce que le grand zouave l'a mené aux eaux; ça l'a tout remonté.

— Tiens! quand ma femme sera morte, pas de danger que je la porte là-bas. »

Dérigny ne reprenait pas connaissance, malgré les moyens énergiques du général; des claques dans les mains à lui briser les doigts, de la fumée de tabac à suffoquer un ours, de l'eau sur la tête à noyer un enfant, rien n'y faisait; la secousse avait été trop forte, trop imprévue. Moutier commençait à s'inquiéter de ce long évanouissement; il se relevait pour aller chercher le curé, lorsqu'il le vit fendre la foule et arriver précipitamment à Dérigny.

LE CURÉ.

Qu'y a-t-il? Un homme mort, me dit-on! Pourquoi ne m'a-t-on pas prévenu plus tôt?

MOUTIER.

Pas mort, mais évanoui, monsieur le curé ; il vient de tomber par suite d'une joie qui l'a saisi.

Le curé s'agenouilla près de Dérigny, lui tâta le pouls, écouta sa respiration, les battements de son cœur, et se releva avec un sourire.

« Ce ne sera rien, dit-il ; ôtez-le d'ici, couchez-le sur

Il vit le pauvre Jacques à demi agenouillé.

un lit bien à plat, bassinez le front, les tempes avec du vinaigre, et faites-lui avaler un peu de café. »

Après avoir donné encore quelques avis, le curé, se voyant inutile, retourna chez lui.

JACQUES.

Mon bon ami Moutier, laissez-moi embrasser mon pauvre papa avant qu'il soit mort tout à fait, je vous en prie, je vous en supplie ; tante Elfy ne veut pas.

Moutier tourna la tête et vit le pauvre Jacques à

demi agenouillé, les mains jointes, le regard suppliant, le visage baigné de larmes.

MOUTIER.

Viens, mon pauvre enfant, embrasse ton papa et ne t'effraye pas ; il n'est pas mort, et dans quelques instants il t'embrassera lui-même, et te serrera dans ses bras. »

Jacques remercia du regard son ami Moutier et se jeta sur son père qu'il embrassa à plusieurs reprises. Dérigny, au contact de son enfant, commença à reprendre connaissance ; il ouvrit les yeux, aperçut Jacques et fit un effort pour se relever et le serrer contre son cœur. Moutier le soutint, et l'heureux père put à son aise couvrir de baisers ses enfants perdus et tant regrettés.

Après les premiers moments de ravissement, Dérigny parut confus d'avoir excité l'attention générale ; il se remit sur ses pieds, et, quoique tremblant encore, il se dirigea vers la maison, tenant ses enfants par la main. Arrivé dans la salle, suivi du général, de Moutier et des deux sœurs, il se laissa aller sur une chaise, regarda avec tendresse et attendrissement Jacques et Paul qu'il tenait dans chacun de ses bras, et, après les avoir encore embrassés à plusieurs reprises :

« Excusez-moi, mon général, dit-il ; veuillez m'excuser, Mesdames ; j'ai été si saisi, si heureux de retrouver ces pauvres chers enfants que j'ai tant cherchés, tant pleurés, que je me suis laissé aller à m'évanouir comme une femmelette. Chers, chers enfants, comment se fait-il que je vous retrouve ici, avec une maman, une tante, un bon ami ? (Dérigny sourit en disant ces mots et jeta un regard reconnaissant sur les deux sœurs et sur Moutier.)

JACQUES.

Deux bons amis, papa, deux. Le bon général est aussi un bon ami. »

Dérigny tressaillit en s'entendant appeler *papa* par son enfant.

DÉRIGNY, *l'embrassant.*

Tu avais la même voix quand tu étais petit, mon Jacquot; tu disais *papa* de même.

« Mon bon ami, dit le général avec émotion, je suis content de vous voir si heureux. Oui, sapristi, je suis plus content que si, que si... j'avais épousé toutes les petites filles des eaux, que si j'avais adopté Moutier, Elfy, Torchonnet. Je suis content, content ! »

Dérigny se leva et porta la main à son front pour faire le salut militaire.

DÉRIGNY.

Grand merci, mon général ! Mais comment se fait-il que mes enfants se trouvent ici à plus de vingt lieues de l'endroit où je les avais laissés ?

MADAME BLIDOT.

C'est le bon Dieu et Moutier qui nous les ont amenés, mon cher Monsieur.

JACQUES.

Et aussi la sainte Vierge, papa, puisque je l'avais priée comme ma pauvre maman me l'avait recommandé.

DÉRIGNY.

Mon bon Jacquot! Te souviens-tu encore de ta pauvre maman?

JACQUES.

Très-bien, papa, mais pas beaucoup de sa figure; je sais seulement qu'elle était pâle, si pâle que j'avais quelquefois peur.

Dérigny l'embrassa pour toute réponse et soupira profondément.

JACQUES.

Vous êtes encore triste, papa? et pourtant vous nous avez retrouvés Paul et moi!

DÉRIGNY.

Je pense à votre pauvre maman, cher enfant; c'est elle qui vous a protégés près du bon Dieu et de la sainte Vierge et qui vous a amenés ici. Mon bon Moutier, comment avez-vous connu mes enfants?

MOUTIER.

Je vous raconterai ça quand nous aurons dîné, mon ami, et quand les enfants seront couchés. Ils savent cela, eux; il est inutile qu'ils me l'entendent raconter.

LE GÉNÉRAL.

Et vous, mon cher, comment se fait-il que vous ayez perdu vos enfants, que vous ayez fait la campagne de Crimée, que vous n'ayez pas retrouvé ces enfants au retour? Vous n'avez donc ni père, ni mère, ni personne?

DÉRIGNY.

Ni père, ni mère, ni frère, ni sœur, mon général. Voici mon histoire, plus triste que longue. J'étais fils unique et orphelin; j'ai été élevé par la grand'mère de ma femme, qui était orpheline comme moi; la pauvre femme est morte; j'avais tiré au sort; j'étais le dernier numéro de la réserve; pas de chance d'être appelé. Madeleine et moi nous restions seuls au monde, je l'aimais, elle m'aimait; nous nous sommes mariés; j'avais vingt et un ans; elle en avait seize. Nous vivions heureux, je gagnais de bonnes journées comme mécanicien-menuisier. Nous avions ces deux enfants qui complétaient notre bonheur; Jacquot était si bon que nous en pleurions quelquefois, ma femme et moi. Mais voilà-t-il pas, au milieu de notre bonheur, qu'il court des bruits de guerre ; j'apprends qu'on appelle la réserve ; ma pauvre Madeleine se désole, pleure jour et nuit ; moi parti, je la voyais déjà dans la misère avec nos deux chérubins ; sa santé s'altère ; je reçois ma feuille de route pour rejoindre le régiment dans un mois. Le chagrin de Madeleine me rend fou ; je perds la tête, nous vendons notre mobilier, et nous partons pour échapper au service ; je n'avais plus que six mois à faire pour finir mon temps et être exempt. Nous allons toujours tantôt à pied, tantôt en carriole ; nous arrivons dans un joli endroit, à vingt lieues d'ici ; je loue une maison isolée où nous vivions cachés dans une

Elle meurt, me laissant ces deux pauvres petits.

demi-misère, car nous ménagions nos fonds, n'osant pas demander de l'ouvrage de peur d'être pris : ma femme devient de plus en plus malade ; elle meurt (la voix de Dérigny tremblait en prononçant ces mots) ; elle meurt, me laissant ces deux pauvres petits à soigner et à nourrir. Pendant notre séjour dans cette maison, tout en évitant d'être connus, nous avions pourtant toujours été à la messe et aux offices les dimanches et fêtes ; la pâleur de ma femme, la gentillesse des enfants attiraient l'attention ; quand elle fut plus mal, elle demanda M. le curé, qui vint la voir plusieurs fois, et, lorsque je la perdis, il fallut faire ma déclaration à la mairie et donner mon nom ; trois semaines après, le jour même où je venais de donner à mes enfants mon dernier morceau de pain et où j'allais les emmener pour chercher de l'ouvrage ailleurs, je fus pris par les

Je fus pris par les gendarmes.

gendarmes et forcé de rejoindre sous escorte, malgrés mes supplications et mon désespoir. Un des gendarme me promit de revenir chercher mes enfants ; j'ai su depuis qu'il ne l'avait pas pu de suite, et que plus tard il ne les avait plus retrouvés. Arrivé au corps, je fus mis au cachot pour n'avoir pas rejoint à temps. Lorsque j'en sortis, je demandai un congé pour aller chercher mes enfants et les faire recevoir enfants de troupe ; mon colonel, qui était un brave homme, y consentit ; quand je revins à Kerbiniac, il me fut impossible de retrouver aucune trace de mes enfants ; personne ne les avait vus ; je courus tous les environs nuit et jour, je m'adressai à la gendarmerie, à la police des villes; je dus rejoindre mon régiment et partir pour le Midi, sans savoir ce qu'étaient devenus ces chers bien-aimés. Dieu sait ce que j'ai souffert. Jamais ma pensée n'a pu se distraire du souvenir de mes enfants et de ma femme. Et, si je n'avais conservé les sentiments religieux de mon enfance, je n'aurais pas pu supporter la vie de douleur et d'angoisse à laquelle je me trouvais condamné. Tout m'était égal, tout, excepté d'offenser le bon Dieu. Voilà toute mon histoire, mon général; elle est courte, mais bien remplie par la souffrance.

XX

PREMIÈRE INQUIÉTUDE PATERNELLE.

Jacques et Paul avaient écouté parler leur père sans le quitter des yeux ; ils se serraient de plus en plus contre lui ; quand il eut fini, tous deux se jetèrent dans ses bras ; Paul sanglotait, Jacques pleurait tout bas. Leur père les embrassait tour à tour, essuyait leurs larmes.

« Tout est fini à présent, mes chéris ! Plus de malheur, plus de tristesse ! Je serai tout à vous, et vous serez tout à moi.

— Et maman Blidot, et tante Elfy ? dit Jacques avec anxiété. Est-ce que nous ne serons plus à elles ?

DÉRIGNY.

Toujours, mon enfant, toujours. Vous les aimez donc bien ?

JACQUES.

Oh ! papa, je crois bien que nous les aimons ! elles sont si bonnes, si bonnes que c'est comme maman et vous. Vous resterez avec nous, n'est-ce pas ? »

Le pauvre Dérigny n'avait pas encore songé à ce lien de cœur et de reconnaissance de ses enfants ; en le brisant, il leur causait un chagrin dont tout son cœur paternel se révoltait ; s'il les laissait à leurs bienfaitrices, lui-même devait donc les perdre encore une fois, s'en séparer au moment où il venait de les retrouver; l'angoisse de son cœur se peignait sur sa physionomie expressive.

LE GÉNÉRAL.

J'arrangerai tout cela moi! Que personne ne se tourmente et ne s'afflige. Je ferai en sorte que tout le monde reste content. A présent, si nous soupions, ce ne serait pas malheureux; j'ai une faim de cannibale; nous sommes tous heureux; nous devons tous avoir faim. »

Moutier, Elfy et madame Blidot étaient allés chercher les plats et les bouteilles; le souper ne tarda pas à être servi, et chacun se mit à sa place, excepté Dérigny, qui se préparait à servir le général.

LE GÉNÉRAL.

Eh bien! Pourquoi ne soupez-vous pas, Dérigny? Est-ce que la joie tient lieu de nourriture?

DÉRIGNY.

Pardon, mon général, tant que je reste votre serviteur, je ne me permettrai pas de m'asseoir à vos côtés.

LE GÉNÉRAL.

Vous avez perdu la tête, mon ami! Le bonheur vous rend fou! Vous allez servir vos enfants comme si vous étiez leur domestique! Drôle d'idée vraiment! Voyons, pas de folies. A l'*Ange-Gardien* nous sommes tous amis et tous égaux. Mettez-vous là, entre Jacques et Paul, et mangeons... Eh bien, vous hésitez?... Faudra-t-il que je me fâche pour vous empêcher de commettre des inconvenances? Saprelotte! à table, je vous dis! Je meurs de faim, moi! »

Moutier fit en souriant signe à Dérigny d'obéir; Dérigny se plaça entre ses deux enfants ; le général poussa un soupir de satisfaction, et il commença sa soupe. Il y avait longtemps qu'il n'avait mangé de la cuisine bourgeoise mais excellente de madame Blidot et d'Elfy ; aussi mangea-t-il à tuer un homme ordinaire ; l'éloge de tous les plats était toujours suivi d'une seconde copieuse portion. Il était d'une gaieté folle qui ne tarda pas à se communiquer à toute la table ; Moutier ne cessait de s'étonner de voir rire Dérigny, lui qui ne l'avait jamais vu sourire depuis qu'il l'avait connu.

MOUTIER.

Tu vois, mon Jacquot, les prodiges que tu opères ainsi que Paul. Voici ton papa que je n'ai jamais vu sourire, et qui rit maintenant tout comme Elfy et moi.

DÉRIGNY.

J'aurais fort à faire, mon ami, s'il me fallait arriver à la gaieté de mademoiselle Elfy, d'après ce que vous m'en avez dit, du moins. Mais j'avoue que je me sens si heureux, que je ferais toutes les folies qu'on me demanderait.

LE GÉNÉRAL.

Bon ça ! Je vous en demande une qui vous fera grand plaisir.

DÉRIGNY.

Pourvu qu'elle ne me sépare pas de mes enfants, mon général, je vous la promets.

LE GÉNÉRAL.

Encore mieux ! Je vous demande, mon ami, de ne pas me quitter... Ne sautez pas ! que diantre ! Vous ne savez pas ce que je veux dire... Je vous demande de ne jamais quitter vos enfants et de ne pas me quitter. Ce qui veut dire que je vous garderai tous les trois avec moi, qu'en reconnaissance de vos soins (dont je ne peux plus me passer; je sens que je ne m'habituerais pas à un autre service que le vôtre, si exact, si intelligent, si doux, si actif. Il me faut vous ou la mort) : qu'en reconnaissance, dis-je, de ces soins que rien ne peut payer, j'achèterai pour vous et je vous donnerai un bien quelconque où vous vous établiriez, après ma mort, avec vos enfants et une femme peut-être. Ce serait votre avenir et votre fortune à tous. Tant que je suis prisonnier, vous resterez en France avec vos enfants et notre ami Moutier.

DÉRIGNY.

Et après, mon général ?

LE GÉNÉRAL.

Après ? Après ? Nous verrons ça. Nous avons le temps d'y penser... Eh bien ? que dites-vous ?

DÉRIGNY.

Rien encore, mon général; je demande le temps de la réflexion; ce soir, je n'ai pas la tête à moi, et mon cœur est tout à mes enfants.

LE GÉNÉRAL.

Bien, mon cher, je vous donne jusqu'au repas de noces d'Elfy et de Moutier. Demain, nous fixerons le jour et j'écrirai à Paris pour le dîner et les accessoires. A nous deux, ma petite Elfy ! Reprenons notre vieille conversation interrompue sur votre mariage. C'est aujourd'hui lundi; demain mardi, j'écris; on m'expédie mon dîner et le reste samedi; tout arrive lundi, et nous le mangerons en sortant de la cérémonie.

ELFY.

Impossible, mon général; il faut faire les publications, le contrat.

LE GÉNÉRAL.

Il faut donc bien du temps en France pour tout cela? Chez nous, en Russie, ça va plus vite que ça. Ainsi, je vois madame Blidot; vous me convenez, je vous conviens; nous allons trouver le pope, qui lit des prières en slavon, chante quelque chose, dit quelque chose, vous fait boire dans ma coupe et moi dans la vôtre, qui nous promène trois fois en rond autour d'une espèce de pupitre, et tout est fini. Je suis votre mari, vous êtes ma femme, j'ai le droit de vous battre, de vous faire crever de faim, de froid, de misère.

MADAME BLIDOT, *riant*.

Et moi, quels sont mes droits?

LE GÉNÉRAL.

De pleurer, de crier, de m'injurier, de battre les gens, de déchirer vos effets, de mettre le feu à la maison même dans les cas désespérés.

MADAME BLIDOT, *riant*.

Belle consolation! A quel sort terrible j'ai échappé!

LE GÉNÉRAL.

Oh! mais moi, c'est autre chose! Je serais un excellent mari! Je vous soignerais, je vous empâterais; je vous accablerais de présents, de bijoux; je vous donnerais des robes à queue pour aller à la cour, des diamants, des plumes, des fleurs!»

Tout le monde se met à rire, même les enfants; le général rit aussi et déclare qu'à l'avenir il appellera madame Blidot: « Ma petite femme. » Après avoir causé et ri pendant quelque temps, le général va se coucher parce qu'il est fatigué; Dérigny, après avoir terminé son service près du général, va avec ses enfants, dans leur chambre, les aider à se déshabiller, à se coucher, après avoir fait avec eux une fervente prière d'action de grâces. Il ne peut se décider à les quitter, et, quand ils sont endormis, il les regarde avec un bonheur toujours plus vif, effleure légèrement de ses lèvres leurs joues, leur front et leurs mains ; enfin, la fatigue et le sommeil l'emportent, et il s'endort sur sa chaise entre les deux lits de ses enfants. Il dort d'un sommeil si paisible et si profond, qu'il ne se réveille que lorsque Moutier, inquiet de sa longue absence, va le chercher, et l'emmène de force pour le faire coucher dans le lit qui lui avait été préparé. Il était tard pourtant ; minuit venait de sonner à l'horloge de la salle ; mais Moutier n'avait pas encore eu le temps de causer avec Elfy et sa sœur ; ils avaient mille choses à se raconter, et les heures s'écoulaient trop vite. Enfin, madame Blidot sentit que le sommeil la gagnait ; l'horloge sonna, Moutier se leva, engagea les sœurs à aller se coucher et alla à la recherche de Dérigny qu'il ne trouvait pas dans sa chambre près du général. Il réfléchit encore quelque temps avant de s'endormir lui-même ; ses pensées étaient imprégnées de bonheur, et ses rêves se ressentirent de cette douce inspiration.

XXI

TORCHONNET DÉVOILÉ.

Le lendemain, quand on se fut retrouvés, embrassés interrogés, et quand on eut déjeuné, madame Blidot demanda au général s'il avait regardé ses effets et s'il avait tout retrouvé.

LE GÉNÉRAL.

Je n'ai regardé à rien qu'à mon lit, ma petite femme. J'étais fatigué de la route et de la trouvaille de ce diable de Dérigny. Rien ne me fatigue comme de contenir mes sensations; et je m'étais retenu pour ne pas pleurer comme un nigaud; et puis, toutes les fois que je regardais cet homme si heureux et ses enfants, je me disais : Et toi, pauvre Dourakine, tu es seul avec ton or, ton argent et tes châteaux ! Personne pour t'aimer, pour hériter de tout cela... (Le général se frappe la tête des deux poings, il se lève, il souffle, il se promène en long et en large; il se calme, il rit et continue.) Mais j'ai bien dormi cette nuit; me voici leste et gai. Eh bien ! ma petite femme, vous riez? Pourquoi? Elfy rit aussi? et Moutier? Dérigny ne rit pas, lui; il regarde toujours ses enfants avec une bouche jusqu'aux oreilles !

— Mon général? dit Dérigny qui entend prononcer son nom, mais qui ne comprend pas le reste,

LE GÉNÉRAL.

Rien, rien, mon ami. Continuez votre occupation.. Tenez, voyez-le; il recommence. »

La porte s'ouvre violemment; Torchonnet se précipite dans la salle; il court au général, se jette dans ses bras, lui baise le ventre, ne pouvant atteindre plus haut et s'écrie :

« Mon cher général ! mon père ! mon bienfaiteur ! »

Le général, fort surpris, cherche à se dégager, le re-

Torchonnet se précipite dans la salle.

pousse, trébuche; Torchonnet s'accroche à lui, continue ses embrassements, ses exclamations.

LE GÉNÉRAL.

Moutier! Dérigny! pour l'amour de Dieu, délivrez-moi! Je tombe ! ce diable de Graillonnet m'entraîne... Laisse-moi, drôlichon! Va-t'en !

TORCHONNET.

Non, mon père, mon bon père ! Je ne vous quitterai que lorsque vous m'aurez reconnu pour votre enfant, l'héritier de votre nom, de votre fortune.

LE GÉNÉRAL.

Au secours ! chassez ce fou ! Moutier, mon brave ami, prenez-le, arrachez-le de dessus mon pauvre ventre qu'il écrase. »

Moutier avait déjà tiré Torchonnet, qui aplatissait d'autant mieux le ventre du général ; enfin, il parvint à lui donner une secousse qui lui fit lâcher prise, mais si brusquement, que le général perdit l'équilibre et tomba sur lui et sur Moutier : tous trois roulèrent par terre, le

Ils roulèrent par terre.

général jurant et assommant de ses robustes poings Torchonnet, qu'il écrasait de son poids et qui criait de toute la force de ses poumons. Moutier toucha à peine terre et se releva lestement, avant que la lourde chute du général eût été complète. Lui et Dérigny remirent le général sur pied ; il n'avait heureusement d'autre mal que la secousse fort amortie par Torchonnet et par Moutier. Sa colère contre Torchonnet reprit une nouvelle force.

« Polisson, animal ! s'écria-t-il, je t'apprendrai à

faire le gentil avec moi, à me crier tes sottises aux oreilles, à me faire rouler à terre sous prétexte de m'embrasser ! »

Torchonnet, qui s'était mis en tête de se faire adopter et emmener par le général, s'écria :

« Pardon, pardon, mon bienfaiteur, mon père ! prenez-moi avec vous, emmenez-moi avec vous.

— T'emmener, polisson ! quand je t'emmènerai, ce sera pour te faire knouter, envoyer en Sibérie.

Si tu veux le knout, je te ferai prévenir quand je partirai, sois-en certain.

— Je veux tout ce que vous voulez, mon père, s'écria Torchonnet qui ne savait ce qu'était le knout ni la Sibérie.

— En vérité ! Eh bien, voici ce que je veux. »

Le général saisit Torchonnet par les cheveux, lui donna un soufflet, un coup de poing, force coups de pied ; le traîna à la porte et le jeta dehors malgré ses cris. Il referma la porte, s'éventa avec son mouchoir, se promena sans mot dire et rentra dans sa chambre.

PAUL.

Comme il a battu ce pauvre Torchonnet ! c'est méchant, ça ; je ne l'aime plus du tout.

JACQUES.

Je ne comprends pas ce qui a pris à Torchonnet Le général s'est mis en colère, et Torchonnet continuait toujours.

MOUTIER.

Il a probablement eu connaissance de l'idée qui avait passé par la tête du général, et il a espéré la faire exécuter en feignant une grande tendresse.

MADAME BLIDOT.

Torchonnet est un mauvais garçon, perverti par les

Bournier, je le crains bien. Et à propos de Torchonnet, dites-moi, Joseph, le général a-t-il emporté aux eaux une timbale et un couvert en vermeil?

MOUTIER.
Pas le moindre vermeil, ni rien.

MADAME BLIDOT.
C'est qu'en rangeant ses affaires éparses au travers de sa chambre, je n'ai jamais pu retrouver une timbale et un couvert dont la place est marquée, mais vide, dans son nécessaire.

MOUTIER.
Ils manquaient peut-être avant.

MADAME BLIDOT.
Non, Jacques m'a dit que le nécessaire était plein et complet quand le général le leur a fait voir.

MOUTIER.
Mais pourquoi parlez-vous de ces pièces perdues à propos de Torchonnet?

MADAME BLIDOT.
Parce qu'il est venu dans la chambre pendant que nous rangions, Jacques et moi, les effets épars du général, et qu'il a été très-mauvais.

Madame Blidot raconta à Moutier la scène qui s'était passée: elle ajouta que depuis elle avait défendu à Jacques et à Paul de jouer avec Torchonnet et de lui parler.

Ils causèrent quelque temps encore; le général rentra très-soucieux et très-mécontent.

« Madame Blidot, dit-il, vous recevez chez vous beaucoup de monde; un de ces coquins m'a volé deux pièces de mon nécessaire: une timbale et un couvert.

MADAME BLIDOT.

Mon général, j'en suis désolée, je me suis aperçue de cette perte une heure après votre départ, en rangeant votre chambre avec Jacquot; elle était un peu en désordre.

LE GÉNÉRAL.

Comment, un peu? Elle devait être sens dessus dessous. C'est que je savais qu'avec vous et les vôtres je ne courais aucun danger; je vous confierais toute ma fortune sans aucune inquiétude, ma petite femme. Voilà pourquoi je dis que les objets ont été volés par un voleur.

MADAME BLIDOT.

Mon général, personne n'est entré dans votre chambre que moi, Jacques et Torchonnet.

— Torchonnet? Ah! dit le général en s'arrêtant tout court.

PAUL.

C'est Torchonnet qui a les belles choses; je les ai vues quand il m'a demandé de les cacher dans la paillasse de Jacques.

LE GÉNÉRAL.

Torchonnet t'a demandé.... quand?... où?... Raconte-moi cela, mon mignon.

PAUL.

Je revenais de l'école tout seul, avant Jacques. Torchonnet court à moi : « Mon Paul, veux-tu des pralines ? — Oui, je veux bien, je dis. — Alors prends ces choses d'or; cours vite les cacher, très-bien cacher, dans la paillasse de Jacques ; puis tu reviendras et je te donnerai plein tes mains de pralines. — Attends une minute, je lui dis, je vais demander à Jacques s'il veut. — Non, non, ne demande pas à Jacques, ne lui dis rien.

Si tu ne veux pas, tu n'auras pas de pralines. — Je veux bien, mais je veux avant demander à Jacques. Il me dit : — Imbécile ! » Et il s'en est allé, et il a emporté ses belles choses d'or.

— Gredin, scélérat ! s'écria Dérigny. Si je le tenais, je lui donnerais une rossée dont il se souviendrait ! Misérable ! Vouloir faire passer pour un voleur et un ingrat mon fils, mon pauvre Jacquot ! mon bon et honnête Jacquot !

LE GÉNÉRAL.

Et c'est ce misérable qui ose me demander de l'emmener avec moi ! qui a le front de m'appeler son père ! qui a l'audace de vouloir être comte Dourakine et l'héritier de ma fortune ! Moutier, mon ami, allez me chercher cet effronté coquin, ce voleur, ce scélérat.

MOUTIER.

Mon général, permettez qu'avant de vous l'amener, je raconte à M. le curé ce qui s'est passé, et que je le mette en sa présence.

LE GÉNÉRAL.

Pourquoi faire ? Le curé est trop bon ! Il ne saura pas le corriger. Donnez-le-moi ; je me charge de l'étriller de façon à lui faire passer l'envie de m'avoir pour père et de m'accompagner en Russie.

MOUTIER.

Oui, mon général ; je cours le chercher.

XXII

COLÈRE ET REPENTIR DU GÉNÉRAL.

Moutier alla en effet chez le curé, mais non pas pour amener Torchonnet au général, dont la colère était redoutable. Furieux comme il l'était contre ce misérable Torchonnet, il l'aurait assommé, mis en pièces sans pitié. Il alla donc chez le curé, le trouva travaillant dans sa chambre. Torchonnet était resté dans la salle d'entrée.

« Pardon, monsieur le curé, si je vous dérange; il s'agit de choses graves, et j'ai besoin de votre aide pour nous tirer d'affaire. »

Moutier raconta brièvement au curé ce qui venait de se passer et ce qui avait été découvert par le récit naïf du petit Paul.

« Vous voyez mon embarras, monsieur le curé; si le général voit Torchonnet, il le tuera sans le vouloir et sans le savoir; d'un autre côté, si je reviens sans lui, il va vouloir venir lui-même le chercher. Et puis, le père des enfants est tellement indigné de la méchanceté, de l'ingratitude de Torchonnet envers Jacques, que de ce côté-là encore, il y a un danger à éviter.

LE CURÉ.

Vous avez bien fait, mon bon ami, de venir m'en

parler. Je ne vois qu'un moyen d'éviter ces deux dangers, c'est d'éloigner Torchonnet.

MOUTIER.

Où l'envoyer, monsieur le curé? Chez qui? avec qui?

LE CURÉ.

Ma bonne va le mener chez son frère, gendarme à Domfront; il sera là en bonne surveillance, et nous lui ferons croire qu'il est en état d'arrestation ; voulez-vous appeler ma bonne? »

Moutier allait répondre, lorsque des cris, suivis d'affreux hurlements, se firent entendre. Il se précipita du côté d'où ils partaient ; le curé le suivit avec plus de lenteur. Arrivés à la porte de la salle d'où partaient ces cris horribles, ils la trouvèrent fermée à double tour.

« On égorge ma pauvre bonne, s'écria le curé avec terreur.

— Il faut entrer à tout prix, » cria Moutier.

Il appuya contre la porte, mais elle s'ouvrait en dehors; elle était en chêne épais; la serrure était solide; toute la force de Moutier était insuffisante pour la briser. Les hurlements continuaient; la voix s'enrouait et faiblissait.

« Par la fenêtre! » s'écria Moutier.

Et, s'élançant au dehors, il brisa un carreau, tourna l'espagnolette, sauta dans la chambre, et vit un homme, qu'il ne reconnut pas au premier abord, assommant à coups de fouet un petit garçon à demi déshabillé, qui se tordait et rugissait sous l'étreinte et les coups de l'homme; chaque coup marquait sur la chair une trace livide.

Moutier se jeta sur l'inconnu, lui arracha le fouet des mains, le repoussa violemment et allait le frapper, quand lui-même faillit tomber de surprise : l'homme était le général, l'enfant était Torchonnet. Le général, ne voyant pas revenir Moutier et devinant une trahison, était sorti doucement de l'auberge, avait été au presbytère, où il trouva Torchonnet dans la salle. Le général s'était armé de son fouet à chiens; il ne dit rien, mais ses yeux lancèrent des flammes quand il vit Torchonnet, rempli d'espoir, approcher mielleusement de lui en l'appelant son cher général. Il se jeta sur lui, lui arracha en moins d'une minute ses vêtements, ferma la porte à double tour, et commença à lui administrer le knout avec une vigueur qui provoqua les hurlements du coupable.

Lorsque Moutier arrêta le supplice de Torchonnet, le général demanda à ce dernier s'il savait à présent ce qu'était le knout. Torchonnet continuait à hurler et à se rouler dans l'excès de sa souffrance. Moutier, dans la salle, et le curé, en dehors à la fenêtre, restaient immobiles, ne sachant quel parti prendre. A mesure que la colère du général se dissipait, la honte semblait le gagner. Lui aussi restait à la même place, sans faire un mouvement, sans dire une parole. Moutier fut le premier qui parla :

« Monsieur le curé, ayez la bonté de m'envoyer votre bonne; je vais ouvrir la porte de la salle; cet enfant a besoin de secours.

LE CURÉ.

Je vais revenir moi-même avec elle, mon ami. Il faut à ce garçon un pansement sérieux; nous allons le couvrir de vin et d'huile, le baume du Samaritain de l'Évangile. »

Moutier alla ouvrir la porte; ni lui, ni le curé, ni la bonne ne firent attention au général, qui paraissait de plus en plus honteux et embarrassé. La bonne et Mou-

Il lui administra le knout. Page 250.

tier emportèrent Torchonnet dans sa chambre. Le général arrêta par le bras le curé qui les suivait.

« Monsieur le curé, je vous donnerai dix mille francs pour ce voleur, » dit-il à voix basse.

Le curé lui jeta un regard sévère.

« L'argent ne rachète pas le mal, Monsieur; il ne paye pas la souffrance.

LE GÉNÉRAL.

Mais que voulez-vous que je fasse?

La bonne et Moutier emportèrent Torchonnet.

LE CURÉ.

Rien, Monsieur; personne ne vous demande rien; il fallait vous abstenir de ce que vous avez fait. Maintenant, vous ne pouvez que demander pardon à Dieu de votre violence et la réprimer à l'avenir.

LE GÉNÉRAL.

Monsieur le curé, ne me regardez pas avec des yeux si sévères; ils me troublent la conscience et le cœur. Je ne suis pas méchant, je vous assure, seulement un peu trop vif.

LE CURÉ.

Pas méchant, Monsieur? un peu trop vif? quand vous assommez cruellement un enfant trop faible pour vous résister? Je vous le répète, Monsieur, demandez pardon à Dieu; je n'ai pas d'autre conseil à vous donner. »

Et le curé sortit, laissant le général plus abattu que fâché.

« Sot que je suis! murmura-t-il. Les voilà tous contre moi. Je l'ai frappé fort, c'est vrai! Mais aussi, quel scélérat que ce petit gredin!... Ce qui me met hors de moi, c'est son idée fixe, sotte, absurde, de se faire adopter par moi. Et de penser que moi-même j'ai eu pendant cinq minutes cette pensée! que j'ai pu concevoir un désir pareil! Voyons, que faire à présent? M'en aller. A l'*Ange Gardien*, ils vont tous être comme des hérissons; ils me jetteront des regards! ils me traiteront avec une froideur! Imbécile que je suis! je n'ai que ce que je mérite. »

Tout en parlant ainsi, le général arrivait à l'*Ange-Gardien*. Il ouvrit lentement la porte, hésita à entrer, s'y décida enfin, et se trouva nez à nez avec Elfy.

« Eh bien! général, demanda-t-elle en riant, avez-vous réglé votre affaire avec Torchonnet comme vous le vouliez? à votre satisfaction?

LE GÉNÉRAL.

Comme je le voulais, oui; à ma satisfaction, non, car je suis très-mécontent.

ELFY.

Et de quoi donc, général? Qu'est-ce qui vous a mécontenté?

LE GÉNÉRAL.

C'est moi-même, parbleu; j'ai agi en sot, en fou furieux, en méchant animal. Au lieu de fouetter Torchonnet comme il le méritait, par exemple, je l'ai battu, knouté à le mettre en pièces.

DÉRIGNY.

Vous avez bien fait, mon général ! J'en aurais fait autant à votre place.

LE GÉNÉRAL, *avec satisfaction*.

Vous trouvez, mon ami? Je crois que vous êtes dans l'erreur. Le curé a dit que j'étais méchant, cruel, que je n'avais qu'à demander pardon à Dieu. Et ce curé, voyez-vous, mon cher, ce curé s'y connaît; il est bon, et puis, j'ai confiance en lui. J'ai frappé trop fort, c'est vrai ! J'étais dans une colère ! J'aurais tué ce misérable, qui, après m'avoir volé, après avoir voulu faire soupçonner et accuser le pauvre Jacques, a l'impudence d'arriver à moi mielleusement et de m'appeler son cher général... Je l'aurais tué, tant j'étais outré, indigné, si Moutier n'était venu se jeter sur moi et m'arracher mon fouet.

ELFY.

Et que vous a dit Moutier, mon général?

LE GÉNÉRAL.

Rien, mon enfant ! Rien ! pas un mot, pas un regard; il m'a plus fait de peine par ce silence, ce dédain, que s'il m'avait battu. Ce bon Moutier ! L'indignation était peinte sur sa figure ! Et les yeux du curé ! quel regard froid, écrasant !... Oui, oui, ma petite Elfy, ils sont très-fâchés contre moi. Et moi, je suis tout malheureux et confus, ce qui prouve que j'ai tort et qu'ils ont raison. Elfy, Dérigny, faites ma paix avec Moutier. J'aime ce garçon, et je ne puis supporter la pensée qu'il m'en veuille sérieusement. Je me recommande à vous, mes amis, et à vous, ma petite femme. Je crois que je l'entends venir; je me sauve; appelez-moi quand vous l'aurez apaisé. »

Et le général, avec plus d'agilité qu'on ne pouvait lui en supposer, disparut derrière sa porte au moment où Moutier ouvrait celle de l'*Ange-Gardien*.

Elfy courut à lui; son sourire gai et doux dérida le front soucieux de Moutier.

ELFY.

Le général est triste et honteux, mon ami; honteux de sa colère, triste de votre silence et de votre mécontentement visible.

MOUTIER.

Il a raison, ma chère Elfy, et je vois qu'il vous a chargée de plaider sa cause; elle est bien mauvaise, vous avez fort à faire.

ELFY.

Mon bon Joseph, pensez donc que le général est très-colère.....

— Première et bonne excuse, dit Moutier en souriant.

ELFY.

Laissez-moi finir. Quand il est en colère, il fait des choses qu'il regrette après...

MOUTIER.

Et qui n'en sont pas moins faites.

ELFY.

C'est vrai, mon ami, mais il en est si fâché, qu'on lui pardonne malgré soi. Et puis, songez à la méchanceté, à l'ingratitude de ce méchant Torchonnet; à ce qui serait arrivé s'il avait réussi à placer dans la paillasse de notre pauvre petit Jacques les objets volés au général. Il méritait une bien sévère punition, car moi-même, qui ne suis pas méchante, je l'aurais battu avec un vrai plaisir.

DÉRIGNY.

Et moi, mon cher Moutier, je dis comme votre bonne Elfy : ce garçon est un scélérat, et je lui aurais donné une fameuse rossée.

MADAME BLIDOT.

Et enfin, Joseph, il faut dire que le général est russe, et qu'en Russie les coups de fouet se donnent plus facilement que chez nous.

MOUTIER.

Peut-être avez-vous raison, mes amis, ma petite Elfy est un excellent avocat. Mais le général tient-il réellement à mon approbation ou à mon mécontentement?

ELFY.

Énormément, mon ami; le pauvre homme m'a fait peine; il était si honteux, si humble, si attristé! Il s'est sauvé quand il vous a entendu venir; il courait! Je ne pensais pas qu'il fût aussi leste. »

Moutier sourit, serra affectueusement la main d'Elfy et alla frapper à la porte du général.

LE GÉNÉRAL.

Qui est là? Entrez. »

Moutier entra, s'arrêta un instant. Le général le regarda presque timidement; son regard demandait grâce. Moutier, touché de cet aveu tacite de sa faute, répondit à ce regard par un bon et franc sourire; il marcha à lui et serra une de ses mains dans les siennes en s'inclinant respectueusement. Le général lui sauta au cou, le serra dans ses bras, faillit le renverser, l'étouffer, et ne lui dit qu'un mot : « Merci, mon ami; » mais d'un accent si affectueux, si ému, que Moutier sentit disparaître le dernier vestige de mécontentement, et qu'il lui rendit son étreinte avec toute la chaleur d'une affection vive et sincère.

« Ouf! dit le général ; j'ai cent livres de moins sur le cœur! mon bon Moutier! Tout général que je suis, je tiens à votre estime, à votre amitié, en proportion de l'estime et de l'amitié que je vous porte. Tout à l'heure j'étais malheureux! Je vous sentais fâché contre moi, et ma conscience me disait que vous aviez raison. A présent..... je me sens heureux et léger comme une plume.

— Merci..... merci, mon général, dit Moutier ému à son tour.

LE GÉNÉRAL.

Allons voir les autres là-bas ; je n'ai plus honte de personne. Mais avant, dites-moi, mon ami, comment va le pauvre gredin ?

MOUTIER.

Pas trop bien, mon général ; mais rien de grave. Le baume du curé a bien fait.

LE GÉNÉRAL.

C'est que c'est celui de l'Évangile. Il n'est pas étonnant qu'il fasse merveille. »

Et le général rentra dans la salle suivi de Moutier.

XXIII

RÉPARATION COMPLÈTE.

L'air joyeux du général fit voir à Elfy qu'elle avait réussi complétement dans sa négociation; elle s'avança vers lui le sourire sur les lèvres; le général lui serra la main à plusieurs reprises.

« Bon cœur! excellente enfant! répétait-il.

— Et vous autres, petits, continua-t-il en s'adressant aux enfants qui rentraient du jardin, me trouvez-vous bien méchant?

PAUL.

Très-méchant, et si j'étais maman, je vous mettrais en pénitence.

LE GÉNÉRAL.

Quelle pénitence? Que me ferais-tu?

PAUL.

Je vous donnerais du pain sec à dîner tout seul dans un petit coin.

LE GÉNÉRAL.

Et toi, Jacques, qui ne dis rien, que penses-tu?

JACQUES.

Je pense que vous avez fait mal, mais qu'il faut vous aimer tout de même, parce que ce n'est pas exprès que vous êtes méchant.

LE GÉNÉRAL.

Laissez donc, Dérigny, laissez-le parler : je veux connaître son idée, qui est peut-être très-bonne. Parle, Jacquot ; explique ce que tu viens de dire. Comment, selon toi, suis-je méchant pas exprès ?

JACQUES.

Parce que vous êtes si colère, que vous ne savez plus ce que vous dites ni ce que vous faites. Et ce n'est pas votre faute ; personne ne vous a dit que c'est mal de s'emporter. Et comme vous êtes très-bon quand vous n'êtes pas en colère, tout le monde vous aime tout de même.

LE GÉNÉRAL.

Je te remercie, mon enfant ; je tâcherai de ne plus m'emporter. Quand j'aurai envie de me fâcher, je penserai à ce que tu m'as dit ; merci, merci, enfant. »

Dérigny avait une vive inquiétude des répliques de ses enfants ; les paroles du général le rassurèrent ; il jeta sur Jacques un regard de tendresse paternelle que le général devina, car il alla à lui, lui serra la main et lui dit :

« L'*Ange-Gardien* porte bonheur ; vos enfants sont charmants et excellents comme leur seconde maman et leur tante. »

La journée ne se passa pas sans que le général reparlât du dîner de chez Chevet et du jour de la noce, qui fut enfin fixé à la quinzaine. Le général se retira immédiatement pour écrire ; il fit ses commandes, envoya un bon sur son banquier à Paris, commanda un trousseau convenable pour la position d'Elfy, une argenterie considérable, des broches, des épingles, des boucles d'oreilles, des châles, des étoffes ; des présents pour madame Blidot, pour Dérigny, pour le curé, pour les enfants; un supplément de mobilier pour l'auberge Bournier, qui était en vente et qu'il voulait acheter tout de suite pour une affaire qu'il avait dans la tête.

Il écrivit à Domfront pour avoir un notaire; il le voulait le soir même; Moutier lui représenta qu'il serait trop tard, que cet empressement lui ferait payer l'auberge un tiers au-dessus de sa valeur.

LE GÉNÉRAL.

Que m'importent, mon cher, quelques milliers de roubles de plus? Que voulez-vous que je fasse ici de mes six cent mille roubles de revenu?

MOUTIER.

Employez-les bien, mon général; vous trouverez à les placer.

LE GÉNÉRAL.

Mais comment? Je ne demande pas mieux, moi; mais, comme l'a dit Jacques le sage, personne ne me dit ce qui est bien ou mal.

MOUTIER.

Eh bien, mon général, pardon si je me permets de vous diriger dans l'emploi de votre argent; mais... il me semble...

LE GÉNÉRAL.

Quoi, mon ami? Parlez. Vous n'avez pas assez de vingt mille francs, n'est-ce pas? Demandez tout ce que vous voudrez; j'accorde tout d'avance.

MOUTIER.

Oh! mon général! comment pouvez-vous avoir une pensée pareille? J'ai trop de vingt mille francs que je dois à votre générosité. Mais je pense que, si vous vouliez... réparer un peu le mal que vous avez fait à ce misérable qui vous a volé et qui a mérité toute votre indignation, mais que vous avez réellement trop battu, vous placeriez en son nom quelques milliers de francs qui assureraient son existence.

LE GÉNÉRAL.

Bravo! mon ami, très-bien pensé! Et ensuite? Je voudrais faire mieux que cela : quelque chose pour le village, quelque chose qui reste!

MOUTIER.

Rien de plus facile, mon général. Causez-en avec M. le curé; il connaît les besoins de la commune; il vous dira ce qui lui manque.

LE GÉNÉRAL.

Excellent! parfait! Vite, mon ami, allez me chercher le curé; dites-lui qu'il se dépêche, que je bous d'impatience.

MOUTIER.

Mon général, j'ai peur qu'après la scène de ce matin, il ne veuille pas venir.

LE GÉNÉRAL.

C'est vrai! Et pourtant, il faut que je le voie aujourd'hui, tout de suite. J'ai une idée. Donnez-moi mon chapeau; je vais y aller.

MOUTIER.

Mon général, veuillez attendre un moment, permettez que j'aille d'abord savoir s'il ne....

LE GÉNÉRAL.

Il n'y a rien à savoir; je veux y aller moi-même tout de suite; j'ai eu tort, je le sais, et je vais m'arranger avec ce curé, qui est un brave et excellent homme. »

Le général saisit son chapeau et partit presque courant, suivi de Moutier qui le suppliait vainement d'attendre qu'il eût prévenu le curé. Ils traversèrent ainsi la salle où travaillaient les deux sœurs; elles parurent surprises et interrogèrent du regard Moutier, qui ne put répondre que par un sourire rassurant, un mouvement d'épaules et un geste qui indiquaient une nouvelle idée saugrenue qui passait par la tête du général.

Il culbuta la bonne qui se trouvait sur son passage.

En deux minutes le général fut à la porte du curé. Il entra comme un ouragan, culbuta la bonne qui se trouvait sur son passage, et arriva, toujours courant, dans la chambre où se tenait le curé. Son entrée bruyante fit tressaillir celui-ci.

LE GÉNÉRAL.

Monsieur le Curé, je viens vous dire que j'ai eu tort, grand tort; je viens vous en faire mes excuses.

LE CURÉ.

Ce n'est pas moi, Monsieur, que vous avez offensé; vous ne me devez aucune excuse.

LE GÉNÉRAL.

Si fait, parbleu! c'est vous, puisque vous êtes l'homme de Dieu. Mais Moutier m'a pardonné: n'est-ce pas, Moutier, que vous m'avez pardonné (se tournant vers Moutier, qui incline la tête en souriant). Alors, monsieur le Curé, je viens vous dire que, pour expier ma colère, je veux d'abord assurer l'existence de votre mauvais drôle de Torchonnet : vous me direz ce qu'il faut; et ne vous gênez pas, demandez ce que vous voudrez. Et puis, Moutier m'a dit de vous demander conseil pour le reste. Que faut-il que je fasse? Que voulez-vous que je fasse? De quoi a-t-on besoin ici? Dépêchez-vous, parce que le notaire vient demain, et, s'il faut acheter quelque chose, je le ferai tout de suite. »

Le curé restait abasourdi devant ce flux de paroles, dites très-vite et très-vivement. Il regardait Moutier qui ne pouvait s'empêcher de sourire de l'impatience visible du général et de l'embarras non moins visible du curé.

LE GÉNÉRAL.

Eh bien! pas de réponse? Qui ne dit mot consent. J'attends, monsieur le Curé, la liste de vos nécessités.

LE CURÉ.

Général! je ne sais pas du tout... je ne comprends pas très-bien....

LE GÉNÉRAL.

Que diantre! c'est pourtant bien facile à comprendre. J'ai agi comme un diable, je veux agir comme un ange gardien pour faire la compensation. »

Le curé ne put s'empêcher de sourire; la cause était gagnée. Le général le serra dans ses bras, puis l'obligeant à s'asseoir, s'assit près de lui, et, cherchant à prendre un air grave :

LE GÉNÉRAL.

Maintenant, monsieur le Curé, défilez-moi votre chapelet. Que vous faut-il?

LE CURÉ.

Vous ne croyez pas si bien dire, Monsieur, car il est très-vrai que c'est tout un chapelet de nécessités pressantes.

— Tant mieux, dit le général, joyeux et se frottant les mains. Commençons.

LE CURÉ.

D'abord, des secours pour mes pauvres, des vêtements, du pain, des remèdes pour les malades, etc.; ensuite, une réparation générale à ma pauvre église, puis la décoration intérieure, peintures, vitraux, dorures, etc. Une sacristie à construire et à garnir; nos ornements et nos vases sacrés sont dans un état déplorable.

LE GÉNÉRAL.

Et d'un. Ça fait cinquante mille francs. Après? Le curé sauta de dessus sa chaise.

LE CURÉ.

Cinquante mille francs! C'est moitié trop, général.

LE GÉNÉRAL.

Et bien! avec le reste, vous ferez réparer, arranger votre presbytère, qui est en ruines et en loques. Après?

LE CURÉ.

Si nous pouvions avoir quatre sœurs de charité, général, nous aurions une bonne instruction pour les filles, une salle d'asile pour les enfants pauvres, et des secours et des médicaments pour les malades.

LE GÉNÉRAL.

Pourrez-vous avoir le tout pour cent mille francs?

Si nous pouvions avoir quatre sœurs de charité. (Page 265.)

LE CURÉ.

Avec cent mille francs, on pourrait de plus bâtir et fonder un hôpital pour six ou huit malades, général; ce serait le bonheur du pays.

LE GÉNÉRAL.

Vous recevrez cent cinquante mille francs pour tout cela sous peu de temps, monsieur le Curé, et si c'est insuffisant, vous me le direz. J'ajoute dix mille francs que vous placerez pour ce gueux de Torchonnet. Il les doit à mon repentir. Si je ne l'avais si terriblement battu, je ne lui aurais jamais donné une épingle à ce voleur, ce menteur, ce calomniateur, ingrat, méchant, trompeur, scélérat en un mot. Je ne veux le revoir de ma vie; je ne réponds pas de ce que je ferais s'il avait l'audace de se représenter chez moi. »

Le curé ne savait pas le détail de ce qui s'était passé; le général le lui raconta avec force épithètes et injures contre Torchonnet. Le curé comprit mieux alors la colère du général, l'excusa en partie, et déclara qu'aussitôt après la guérison de Torchonnet, il le mettrait chez les Frères de la doctrine chrétienne, seuls capables de contenir et corriger les penchants vicieux de ce malheureux enfant; quant aux objets volés, le curé alla immédiatement faire une recherche dans la chambre de Torchonnet; il n'eut pas de peine à trouver au fond d'un tiroir de commode, sous un paquet d'habits, la timbale et le couvert qu'il remit à Moutier.

Le général et le curé se séparèrent fort contents l'un de l'autre: le général invita le curé à venir dîner.

« Ne vous gênez pas, mon bon curé; venez souvent dîner avec nous; les sœurs de l'*Ange-Gardien* vous aiment bien, Moutier aussi, les enfants aussi; leur père vous aimera, et moi je vous respecte et vous aime. Que la dépense que vous leur occasionnerez ne vous arrête pas. C'est moi qui paye tout depuis le jour où j'ai mis le pied dans la maison..... Vous, Moutier, vous n'avez pas besoin de hocher la tête et de vous démener comme un diable dans un bénitier; je vous dis que ce sera comme ça; je paye tout, ou bien je n'assiste pas à la noce. Ha! ha! la menace fait son effet! l'ami Moutier se calme! Bien, mon garçon, bien! »

Le général partit en riant; Moutier le suivit riant également. Le curé les regarda s'éloigner et se rassit un instant après:

« Drôle d'original, dit-il; bon homme, brave homme! Généreux, juste, mais terrible à vivre. Quelle raclée il a donnée à mon pauvre Pierre Torchonnet! Ce dernier l'avait méritée tout de même; maintenant que c'est fait, je n'en suis pas fâché. Il commençait à mal tourner tout à fait. »

XXIV

MYSTÈRES.

Le lendemain, le notaire, que le général avait mandé la veille par un exprès, pour une affaire importante, arriva de bonne heure. Le général s'enferma avec lui pendant longtemps; ils sortirent de cette conférence, satisfaits tous les deux, et riant à qui mieux mieux. Le général ne dit mot à personne de ce qui s'était passé entre eux, et, quand le notaire partit, il mit le doigt sur sa bouche pour lui recommander le silence, et lui fit promettre de revenir bien exactement pour le contrat de mariage d'Elfy, la veille de la noce.

« N'oubliez pas, mon très-cher, que vous êtes de la noce, du dîner surtout, dîner de chez Chevet. Ne vous inquiétez pas de votre coucher; c'est moi qui loge.

— Mais, général, lui dit tout bas madame Blidot, nous n'avons pas de place.

— Ta, ta, ta, j'aurai de la place, moi; c'est moi qui loge; ce n'est pas vous. Soyez tranquille, ne vous inquiétez de rien; nous ne dérangerons rien chez vous. »

Le notaire salua et partit. Le général se frottait les mains comme d'habitude et souriait d'un air malin. Il s'approcha d'une fenêtre donnant sur le jardin.

« C'est joli ces prés qui bordent votre jardin ! Et le

petit bois qui est à droite, et la rivière qui coule au milieu. Ce serait bien commode d'avoir tout cela. Quel dommage que ce ne soit pas à vendre ! »

Madame Blidot et Elfy ne répondirent pas. C'était à vendre ; le malin général le savait bien depuis une heure ; il savait aussi que les sœurs n'avaient pas les fonds nécessaires pour l'acheter. Il eût fallu avoir vingt-cinq mille francs ; elles n'en avaient que trois mille.

« C'est dommage, répéta le général. Quel joli petit bien cela vous ferait ! Et, si un étranger l'achète, il peut bâtir au bout de votre petit jardin, vous empêcher d'avoir de l'eau à la rivière, vous ennuyer de mille manières. N'est-ce pas vrai ce que je dis, Moutier ?

MOUTIER.

Très-vrai, mon général ; aussi je ne dis pas que nous n'ayons fort envie d'en faire l'acquisition. Et, si Elfy y consent, les vingt mille francs que je tiens de votre bonté, mon général, pourront servir à en payer une grande partie ; mais nous attendrons que le bien soit à vendre. »

Le général sourit malicieusement ; il avait tout prévu, tout arrangé. Le notaire avait ordre de répondre, en cas de demande, que le tout était vendu. A partir de ce jour, le général prit des allures mystérieuses qui surprirent beaucoup Moutier, Dérigny et les deux sœurs. Il envoya à Domfront louer un cabriolet attelé d'un cheval vigoureux ; il y montait tous les jours après déjeuner et ne revenait que le soir. Habituellement il partait seul avec le conducteur ; quelquefois il emmenait avec lui le curé.

On demanda plus d'une fois au conducteur où il menait le général, jamais on n'en put tirer une parole, sinon :

C'est joli ces prés qui bordent votre jardin. (Page 269.)

« J'ai défense de parler; si je dis un mot, je perdrai un pourboire de cent francs. »

Quelques personnes avaient suivi le cabriolet, mais le général s'en apercevait toujours; ces jours-là, il allait, allait comme le vent, jusqu'à ce que les curieux fussent obligés de terminer leur poursuite, sous peine de crever leurs chevaux.

Un autre motif de surprise pour le village, c'est que, peu de jours après la visite du notaire, une foule d'ouvriers de Domfront vinrent s'établir à l'auberge Bournier; ils travaillèrent avec une telle ardeur qu'en huit jours ils y firent un changement complet. Le devant était uni, sablé et bordé d'un trottoir; un joli perron en pierre remplaçait les marches en briques demi-brisées qui s'y trouvaient jadis. Les croisées à petits carreaux sombres et sales furent remplacées par de belles croisées à grands carreaux. Toute la maison fut réparée et repeinte; la cour, agrandie et nettoyée; les écuries, la porcherie, le bûcher, la buanderie, les caves, les greniers aérés et arrangés. Des voitures de meubles et objets nécessaires à une auberge arrivaient tous les soirs; mais personne ne voyait ce qu'elles contenaient, car on attendait la nuit pour les décharger et tout mettre en place. De jour, les ouvriers défendaient les approches de la maison.

Il en était de même dans les prés et le bois qui bordaient la propriété de l'*Ange-Gardien*. Une multitude d'ouvriers y traçaient des chemins, y établissaient des bancs, y mettaient des corbeilles de fleurs, jetaient des ponts sur la rivière, en régularisaient les bords; ils construisirent en vue de l'*Ange-Gardien* un petit embarcadère couvert, auquel on attacha par une chaîne un joli bateau de promenade. Chaque jour donnait un nouveau charme à ce petit bien convoité par Elfy et Moutier, et chaque jour augmentait leur désappointement. Il était évident que ce bien avait été acheté récemment; le nouveau propriétaire voudrait probablement bâtir une habitation pour jouir des travaux qui rendaient l'emplacement si joli.

« Chère Elfy, disait Moutier, ne désirons pas plus que nous n'avons; ne sommes-nous pas très-heureux avec ce que nous a déjà donné le bon Dieu? D'ailleurs, pour moi, le bonheur en ce monde, c'est vous; le reste est peu de chose. Il ne sert qu'à embellir mon bonheur, comme une jolie toilette vous embellira le jour de notre mariage.

ELFY.

Vous avez raison, mon ami; aussi donnerais-je tous les prés et tous les bois du monde pour vous conserver près de moi. Je trouve seulement contrariant d'avoir pu acheter tout cela et de nous en voir privés pour toujours, faute d'y avoir pensé plus tôt.

— C'est tout juste ce que je pensais, mes pauvres amis, dit le général d'une voix douce. (Il rentrait par le jardin après avoir examiné les travaux qui marchaient avec une rapidité extraordinaire.) Il n'y aurait que la haie de votre petit jardin à ouvrir, et vous auriez là une propriété ravissante.

MOUTIER.

Pardon, mon général, si je vous faisais observer qu'il serait mieux de ne pas augmenter les regrets de ma pauvre Elfy; elle est bien jeune encore, et il est facile d'exciter son imagination.

LE GÉNÉRAL.

Bah! bah! Ne disait-elle pas, il y a un instant, que vous lui teniez lieu de tous les bois et de tous les prés?

On attacha par une chaîne un joli bateau. (Page 273.)

Vous êtes pour elle l'ombre des bois, la fraîcheur des rivières, le soleil des prés. Ha! ha! ha! Un peu de sentiment, voyons donc! Au lieu de prendre des airs d'archanges, vous me regardez tous deux avec un air presque méchant. Ha! ha! ha! Moutier est furieux que je ne fasse pas des jérémiades avec son Elfy, et Elfy est furieuse que je me moque de ses soupirs et de ses regrets pour les prés et les bois. A revoir, mes amis, j'ai une course à faire. »

Quand il fut parti :

« Joseph, dit Elfy à Moutier (qui mordait sa moustache pour contenir l'humeur que lui causait le général), Joseph, le général est insupportable depuis quelques jours; je serais enchantée de le voir partir.

MOUTIER.

Ma pauvre Elfy, il est bon, mais taquin. Qu'y faire? C'est sa nature; il faut la supporter et ne pas oublier le bien qu'il nous a fait. Sans lui, je n'aurais jamais osé demander votre main.

ELFY.

Mais moi, je vous l'aurais donnée, mon ami; j'y étais bien décidée lors de votre seconde visite.

MOUTIER.

Ce qui n'empêche pas que c'est, après vous, au général que je la dois, et un bienfait de ce genre fait pardonner bien des imperfections. »

XXV

LE CONTRAT.

Le jour de la noce approchait. Le général ne tenait pas en place; il sortait et rentrait vingt fois par jour. Il faisait apporter une foule de caisses de l'auberge Bournier : il avait voulu faire venir la robe, le voile et toute la toilette de mariée d'Elfy. Il avait exigé de Moutier qu'il se fît faire à Domfront un uniforme de zouave en beau drap fin; il l'avait mené à cet effet chez le meilleur tailleur de Domfront et avait fait la commande lui-même. Le placement des dix mille francs de Torchonnet était terminé; le versement de cent cinquante mille francs qu'il donnait au curé pour l'église, le presbytère, les Sœurs de charité et l'hospice, était fini. Torchonnet, bien guéri, avait été transféré chez les Frères de Domfront. Les caisses du trousseau et les cadeaux étaient arrivés. A l'exception de celles qui contenaient les toilettes du contrat et du jour de noce, que le général ne voulait livrer qu'au dernier jour, elles avaient été ouvertes et vidées à la grande joie d'Elfy, qui pardonna tout au général, et à la grande satisfaction de madame Blidot, de Moutier, des enfants et de Dérigny : madame Blidot, parce qu'elle trouvait un grand supplément de linge, de vaisselle, d'argenterie et de toutes sortes d'objets utiles pour leur auberge; Moutier, parce qu'il jouissait de la joie d'Elfy plus que de ses propres joies; les enfants, parce qu'ils aidaient à déballer, à ranger, et que tout leur semblait si beau, que leurs exclamations de bonheur se succédaient sans interruption; Dérigny, parce qu'il ne vivait plus que par ses enfants, que toutes leurs joies étaient ses joies, et que leurs peines lui étaient plus que les siennes. Le général ne touchait pas terre; il était leste, alerte, infatigable. Il courait presque autant que Jacques et Paul. Il riait, il déballait; il se laissait pousser, chasser. Ses grosses mains maladroites chiffonnaient les objets de toilette, laissaient échapper la vaisselle et autres objets fragiles.

De temps à autre, il courait à l'auberge Bournier, sous prétexte d'avoir besoin d'air, puis aux ouvriers des prés et des bois, pour avoir, disait-il, un peu de fraîcheur. On le laissait faire; chacun était trop agréablement surpris pour gêner ses allées et venues.

L'auberge Bournier ressemblait à une fourmilière; les ouvriers étaient plus nombreux encore et plus affairés que les jours précédents. Il était arrivé plusieurs beaux messieurs de Paris qui s'y établissaient, et qui achetaient, dans le village et aux environs, des provisions si considérables de légumes frais, de beurre, d'œufs, de laitage, qu'on pensait dans Loumigny qu'on allait avoir à loger incessamment un régiment ou pour le moins un bataillon.

Moutier et Dérigny semblaient avoir perdu la confiance du général; il ne leur demandait plus rien que les soins d'absolue nécessité pour son service personnel.

Ils avaient défense de toucher aux paquets qui se succédaient; le général les déballait lui-même et ne permettait à personne d'y jeter un coup d'œil. Elfy craignait parfois que ce fût un symptôme de mécontentement. Moutier la rassurait. « Je le connais, disait-il ; c'est quelque bizarrerie qui lui passe par la tête et qui s'en ira comme tant d'autres que je lui ai vues. »

Madame Blidot s'inquiétait du repas de noces, du dîner, du contrat. Quand elle avait voulu s'en occuper et les préparer avec Elfy, le général l'en avait empêchée en répétant chaque fois :

« Ne vous occupez de rien, ne vous tourmentez de rien ; c'est moi qui me charge de tout, qui fais tout, qui paye tout.

MADAME BLIDOT.

Mais, mon cher bon général, ne faut-il pas au moins préparer des tables, de la vaisselle, des rafraîchissements, des flambeaux ? Je n'ai rien que mon courant.

LE GÉNÉRAL.

C'est très-bien, ma chère madame Blidot ! Soyez tranquille ; ayez confiance en moi. »

Madame Blidot ne put retenir un éclat de rire, auquel se joignirent Elfy et Moutier ; le général, enchanté, riait plus fort qu'eux tous.

MADAME BLIDOT.

Mais, mon bon général, pour l'amour de Dieu, laissez-nous faire nos invitations pour le dîner du contrat et pour le jour du mariage ; si nous ne faisons pas d'invitations, nous nous ferons autant d'ennemis que nous avons d'amis actuellement.

LE GÉNÉRAL.

Bah ! bah ! ne songez pas à tout cela ; c'est moi qui fais tout, qui règle tout, qui invite, qui régale, etc.

MADAME BLIDOT.

Mais, général, vous ne connaissez seulement pas les noms de nos parents et de nos amis?

LE GÉNÉRAL.

Je les connais mieux que vous, puisque j'en sais que vous n'avez jamais vus ni connus.

— Mon Dieu! mon Dieu! que va devenir tout ça? s'écria madame Blidot d'un accent désolé.

LE GÉNÉRAL.

Vous le verrez; demain c'est le contrat : vous verrez, répondit le général d'un air goguenard.

MADAME BLIDOT.

Et penser que nous n'avons rien de préparé, pas même de quoi servir un dîner!

LE GÉNÉRAL, *riant.*

A tantôt, ma pauvre amie : j'ai besoin de sortir, de prendre l'air. »

Et le général courut plutôt qu'il ne marcha vers la maison Bournier. Les ouvriers avaient tout terminé; on achevait d'accrocher au-dessus de la porte une grande enseigne recouverte d'une toile qui la cachait entièrement. Une foule de gens étaient attroupés devant cette enseigne. Le général s'approcha du groupe et demanda d'un air indifférent :

« Qu'est-ce qu'il y a par là? Que représente cette enseigne voilée?

UN HOMME.

Nous ne savons pas, général. (On commençait à le connaître dans le village.) Il se passe des choses singulières dans cette auberge; depuis huit jours on y a fait un remue-ménage à n'y rien comprendre.

LE GÉNÉRAL.

C'est peut-être pour le procès.

UNE BONNE FEMME.

C'est ce que disent quelques-uns. On dit que les Bournier vont être condamnés à mort, et qu'on prépare l'auberge pour les exécuter dans la chambre où ils ont manqué vous assassiner, général. »

Le général comprima avec peine le rire qui le gagnait. Il remercia les braves gens des bons renseignements qu'ils lui avaient donnés, continua sa promenade, et revint lestement à l'auberge par les derrières sans être vu de personne Il entra, regarda et approuva tout, encouragea par de généreux pourboires les gens qui préparaient diverses choses à l'intérieur, et s'esquiva sans avoir été aperçu des habitants de Loumigny.

XXVI

LE CONTRAT. — GÉNÉROSITÉ INATTENDUE.

Le lendemain était le jour du contrat. Chacun était inquiet à l'*Ange-Gardien;* on ne voyait rien venir. Le général était calme et causant. On déjeuna. Jacques et Paul seuls étaient gais et en train.

Le général se leva et annonça qu'il était temps de s'habiller. Chacun passa dans sa chambre, et de tous côtés on entendit partir des cris de surprise et de joie. Elfy et madame Blidot avaient des robes de soie changeante, simples, mais charmantes; des châles légers en soie brodée, des bonnets de belle dentelle. Les rubans d'Elfy étaient bleu de ciel; ceux de sa sœur étaient vert et cerise. Les cols, les manches, les chaussures, les gants, les mouchoirs, rien n'y manquait. Moutier avait trouvé un costume bourgeois complet; Dérigny de même; Jacques et Paul, de charmantes jaquettes en drap soutaché, avec le reste de l'habillement. Ils n'oublièrent pas leurs montres; chacun avait la sienne.

Les toilettes furent rapidement terminées, tant on était pressé de se faire voir. Quand ils furent tous réunis dans la salle, le général ouvrit majestueusement sa porte; à l'instant il fut entouré et remercié avec une vivacité qui le combla de joie.

LE GÉNÉRAL.

Eh bien, mes enfants, croirez-vous une autre fois le vieux Dourakine quand il vous dira : Ayez confiance en moi, ne vous inquiétez de rien?

— Bon! cher général! s'écria-t-on de tous côtés.

LE GÉNÉRAL.

Je vous répète, mes enfants, ne vous tourmentez de rien; tout sera fait et bien fait. A présent, allons recevoir nos invités et le notaire.

ELFY.

Où ça, général? où sont-ils?

LE GÉNÉRAL.

C'est ce que vous allez voir, mon enfant. Allons, en marche! Par file à gauche! »

Le général sortit le premier; il était en petite tenue d'uniforme avec une seule plaque sur la poitrine. Il se dirigea vers l'auberge Bournier, suivi de tous les habitants de l'*Ange-Gardien*. Le général donnait le bras à Elfy, Moutier à madame Blidot, Dérigny donnait la main à ses enfants. Tout le village se mit aux portes pour les voir passer.

« Suivez, criait le général, je vous invite tous! Suivez-nous, mes amis. »

Chacun s'empressa d'accepter l'invitation, et on arriva en grand nombre à l'auberge Bournier. Au moment où ils furent en face de la porte, la toile de l'enseigne fut tirée, et la foule enchantée put voir un tableau représentant le général en pied; il était en grand uniforme, couvert de décorations et de plaques. Au-dessus de la porte était écrit en grosses lettres d'or: *au Général reconnaissant*.

La peinture n'en était pas de première qualité, mais

Il fut entouré et remercié. (Page 283.)

la ressemblance était parfaite, et la vivacité des couleurs en augmentait la beauté aux yeux de la multitude. Pendant quelques instants, on n'entendit que des bravos et des battements de mains. Au même instant, le curé parut sur le perron ; il fit signe qu'il voulait parler. Chacun fit silence.

« Mes amis, dit-il, mes enfants, le général a acheté l'auberge dans laquelle il aurait péri victime de misérables assassins sans le courage de M. Moutier et de vous tous qui êtes accourus à l'appel de notre brave sergent. Il a voulu témoigner sa reconnaissance à la famille qui devient celle de Moutier, en faisant l'acquisition de cette auberge pour répandre ses bienfaits dans notre pays ; bien plus, mes enfants, il a daigné consacrer la somme énorme de cent cinquante mille francs pour réparer et embellir notre pauvre église, pour fonder une maison de Sœurs de charité, un hospice, une salle d'asile et des secours aux malades et infirmes de la commune. Voilà, mes enfants, ce que nous devrons à la générosité du *Général reconnaissant*. Que cette enseigne rappelle à jamais ses bienfaits ! »

Les cris, les vivats redoublèrent. On entoura le général, on voulut le porter jusqu'en dedans de la maison. Il s'y opposa d'abord avec calme et dignité, puis la rougeur aux joues, avec quelques jurons à mi-voix et des mouvements de bras, de jambes et d'épaules un peu trop prononcés, puis enfin par des évolutions si violentes que chacun se recula et lui laissa le passage libre.

On monta le perron, on entra dans la salle ; Elfy et Moutier se trouvèrent en face d'une foule compacte : le notaire, les parents, les amis, les voisins, tous avaient été invités et remplissaient la salle, agrandie, embellie, peinte et meublée. Des siéges étaient préparés en nombre suffisant pour tous les invités. Le général fit asseoir Elfy entre lui et Moutier, madame Blidot à sa gauche, puis Dérigny et les enfants ; le notaire se trouvait en face avec une table devant lui. Quand tout le monde fut placé, le notaire commença la lecture du contrat.

Lorsqu'on en fut à la fortune des époux, le notaire lut :

« La future se constitue en dot les prés, bois et dépendances attenant à la maison dite *l'Ange-Gardien*. »

Elfy poussa un cri de surprise, sauta de dessus sa chaise et se jeta presque à genoux devant le général, qui se leva, la prit dans ses bras et, lui baisant le front :

« Oui, ma chère enfant, c'est mon cadeau de noces. Vous allez devenir la femme, l'amie de mon brave Moutier, deux fois mon sauveur et toujours mon ami. Je ne saurais assez reconnaître ce que je lui dois ; mais, en aidant à son mariage avec vous, j'espère m'être acquitté d'une partie de ma dette. »

Le général tendit la main à Moutier, l'attira à lui et le serra avec Elfy dans ses bras.

« Oh ! mon général, dit Moutier à voix basse, permettez que je vous embrasse.

— De tout mon cœur, mon enfant... Et, à présent, continuons notre contrat. »

Le notaire en acheva la lecture ; une seule clause, qui fit rougir madame Blidot, parut se ressentir de la bizarrerie du général. Il était dit :

« Dans le cas où la dame veuve Blidot viendrait à se remarier, sa part de propriété de *l'Ange-Gardien* retournerait à sa sœur Elfy, et serait compensée par la maison à l'enseigne : *au Général reconnaissant*, que le général comte Dourakine lui céderait en toute propriété, mais à la condition que madame Blidot épouserait l'homme indiqué par le général comte Dourakine, et qu'il se réserve de lui faire connaître. »

Le notaire ne put s'empêcher de sourire en voyant l'étonnement que causait cette clause du contrat, qu'il avait cherché vainement à faire supprimer. Le général y tenait particulièrement; il n'avait pas voulu en démordre. Madame Blidot rougit, s'étonna, et puis se mit à rire en disant:

« Au fait, je ne m'oblige à rien, et personne ne peut m'obliger à me marier si je ne le veux pas.

— Qui sait? dit le général, qui sait? Vous le voudrez peut-être quand vous connaîtrez le futur.

— Pas de danger que je me remarie.

— Il faut signer, Messieurs, Mesdames, dit le notaire.

— Et puis dîner, » dit le général.

Madame Blidot ne fut nullement effrayée de cette annonce du général, quoique rien ne lui parût arrangé pour un repas quelconque; mais elle commençait à compter sur cette espèce de féerie qui faisait tout arriver à point.

Elfy signa, puis Moutier, puis le général, puis madame Blidot, le curé, Jacques, Paul, Dérigny et la foule. Quand chacun eut apposé son nom ou sa croix au bas du contrat, le général proposa de retourner dîner à l'*Ange-Gardien;* madame Blidot ne put s'empêcher de frémir de la tête aux pieds. Comment dîner, sans dîner, sans couvert, sans table!

« Général, dit-elle d'un air suppliant, si nous dînions ici? C'est si joli!

LE GÉNÉRAL, *avec malice.*

Du tout, ma petite femme, nous dînons chez vous.

Ne voyez-vous pas qu'Elfy et Moutier sont impatients de se promener dans leur nouvelle propriété ? Allons, en route. »

Le général descendit le perron, entraînant madame Blidot, suivi d'Elfy, qui donnait le bras à Moutier, et du reste de la société. Jacques et Paul couraient en avant en éclaireurs ; ils arrivèrent les premiers à l'*Ange-Gardien*, et firent des exclamations de joie sans fin. Le devant de la maison était garni de caisses d'orangers et

Les cuisiniers s'étaient surpassés.

autres arbustes en fleurs ; la salle était tapissée d'étoffe bleue, ainsi que la cuisine : des tables étaient mises dans les deux salles. Le général fit asseoir tous les invités ; lui, Elfy et Moutier présidaient la première table ; madame Blidot, Dérigny et les enfants faisaient les honneurs de la seconde ; plusieurs domestiques, venus de Paris, firent le service ; ils passaient les plats, les vins ; les cuisiniers s'étaient surpassés : on n'avait jamais mangé, ni bu, ni vu chose pareille à Loumigny. Le curé était à la gauche du général, Elfy se trouvait placée entre le général et Moutier, puis le notaire et les autres convives. Le dîner fut long et gai.

« Défense de se donner d'indigestion aujourd'hui, criait le général ; on doit se ménager pour demain : ce sera bien autre chose.

— Qu'y aura-t-il demain ? demanda un convive.

LE GÉNÉRAL.

Qui vivra verra. Il y aura un festin de Balthazar !

LE CONVIVE.

Qu'est-ce que c'est que ça, Balthazar ?

LE GÉNÉRAL.

Balthazar était un gredin, un fieffé gourmand, mais un fin connaisseur en vins et en toutes espèces de comestibles, et, quand on voulait bien dîner, on allait chez Balthazar.

— Ah ! oui ! comme à Paris, quand on va chez Véry, dit un des convives qui avait la prétention d'avoir de l'instruction et de connaître Paris, parce qu'il y avait passé une fois trois jours comme témoin dans une affaire criminelle.

— Tout juste ! c'est ça, dit le général en se tordant de rire. Je vois, M'sieur, que vous connaissez Paris.

LE CONVIVE INSTRUIT.

Un peu, M'sieur, j'y ai passé quelque temps.

LE GÉNÉRAL

Avez-vous été au spectacle, M'sieur ?

LE CONVIVE INSTRUIT.

Oui, M'sieur, bien des fois. J'aimais beaucoup le spectacle.

LE GÉNÉRAL.

A quel théâtre alliez-vous?

LE CONVIVE INSTRUIT.

Au grand théâtre de Polichinelle, et à un autre, dont j'oublie le nom, plus beau encore.

LE GÉNÉRAL.

Ah! aux Champs-Élysées, n'est-ce pas?

LE CONVIVE INSTRUIT.

Oui, M'sieur, un grand bois mal gouverné, et qui ne ressemble guère à un champ; des arbres abîmés, écourtés, une futaie perdue. »

Le général riait de plus en plus, buvait de plus en plus. On était à table depuis deux heures. Elfy proposa au général une promenade dans son nouveau domaine.

LE GÉNÉRAL, *d'un air malin.*

Et comment y passerez-vous de votre jardin, mon enfant?

ELFY.

Oh! général, Moutier fera une brèche; le passage sera bientôt fait.

LE GÉNÉRAL.

A-t-on fini le café, le pousse-café, tout enfin?

— Fini à la majorité, mon général, répondit Moutier, fatigué de boire et de manger.

— Allons, partons. J'ouvre la marche avec Elfy. »

Le général se leva; chacun en fit autant. Il ouvrit lui-même la porte du jardin. Elfy poussa une exclamation joyeuse, quitta le bras du général, et courut, légère comme un oiseau, vers la barrière élégante qui avait été placée et ouverte sur le pré pendant la courte absence des propriétaires.

Jacques et Paul la suivirent dans sa course, et furent bientôt hors de vue.

LE GÉNÉRAL.

Moutier, mon ami, courez après les fuyards, attrapez-les, ramenez-les-moi! Je ne serai pas loin.... Eh bien! voilà tout le monde parti!... Les voilà qui courent tous comme des chevaux échappés.... jusqu'au notaire!... Et ce pauvre Dérigny, que madame Blidot entraîne! Il court, ma foi! il court! »

Le général, enchanté, se frottait les mains, allait et venait en sautillant, malgré ses grosses jambes, son gros ventre et ses larges épaules. De temps à autre, on voyait apparaître dans le pré, dans le bois, Elfy et les enfants; Moutier l'avait rejointe en deux enjambées, et jouissait du bonheur d'Elfy avec toute la vivacité de son affection. Bientôt le bois et la prairie offrirent le spectacle le plus animé; les jeunes couraient, criaient, riaient; les gens sages se promenaient, admiraient et se réjouissaient du bonheur d'Elfy d'avoir rencontré dans sa vie un général Dourakine. Elfy et sa sœur étaient si généralement aimées, que leur heureuse chance ne donnait de jalousie à personne, et occasionnait, au contraire, une satisfaction générale.

Le curé seul était resté auprès du général.

« Vous devez être bien heureux, lui dit-il en souriant amicalement, de tout le bonheur que vous avez causé; vous êtes véritablement une Providence pour ces excellentes sœurs, pour votre brave Moutier et pour toute notre commune. Jamais on n'y perdra votre souvenir, général, et, quant à moi, je prierai pour vous tous les jours de ma vie.

LE GÉNÉRAL.

Merci, mon bon curé. Mais notre tâche n'est pas

finie : il faut que vous m'aidiez à la compléter.
LE CURÉ.
Tout ce que vous voudrez, général, disposez de moi entièrement.
LE GÉNÉRAL.
Eh bien, mon ami, voilà l'affaire. J'aime beaucoup madame Blidot, et je vois avec peine que le mariage de sa sœur va changer sa position.
LE CURÉ.
Oh! général, elles s'aiment tant, et Moutier est un homme si bon, si honorable, si religieux!
LE GÉNÉRAL.
Tout ça est vrai, mon ami, mais.... madame Blidot ne va plus venir qu'en second; c'est le jeune ménage qui a maintenant le plus gros lot dans la propriété de l'*Ange-Gardien;* un homme dans une auberge est toujours plus maître que des femmes. Et puis viendront les enfants; Jacques et Paul pourraient en souffrir, madame Blidot, qui les aime si tendrement, les protégera; et puis viendra le désaccord, et, par suite, les chagrins pour cette pauvre femme isolée.
LE CURÉ.
C'est vrai, général; mais qu'y faire, sinon attendre, espérer, et au besoin lui donner du courage?
LE GÉNÉRAL.
Mon cher curé, voici mon idée à moi. Quand la guerre sera finie, ce qui va arriver un de ces jours, il faudra que je retourne en Russie; j'emmènerai Dérigny... Attendez, vous ne savez pas ce que je vais vous dire..... J'emmènerai ses enfants; voilà déjà qu'ils restent avec leur père et qu'ils sont à l'abri de ce que je redoute pour eux. Pour prix du sacrifice que me fera

le père, j'achète, avec votre aide, et je lui donne les terres qui entourent mon auberge *Au général reconnaissant.* D'ici là, je le décide à réunir ses enfants à maman Blidot dont il fera sa femme et la vraie mère de ses enfants; je donne au ménage l'auberge et les terres. Et, après une absence d'un an, je viens mourir en France, chez vous; car, entre nous, je ne crois pas en avoir pour longtemps; d'ici à trois ans je serai couché dans votre cimetière, après être mort entre vos bras. Et voilà où j'ai besoin de votre aide : c'est à disposer maman Blidot à devenir madame Dérigny. Vous lui ferez savoir en gros tout ce que je viens de vous dire.

LE CURÉ.

Je crains qu'elle ne veuille pas se remarier, non pas qu'elle ait beaucoup regretté son mari, qu'elle avait épousé presque forcée par ses parents, et qui était vieux, méchant et désagréable, mais parce que ce mariage malheureux lui a ôté l'envie d'en contracter un autre.

LE GÉNÉRAL.

Et Jacques et Paul, qu'elle aime tant et qui sont si charmants! Ce serait le moyen de ne plus les perdre.

LE CURÉ.

Écoutez, général, je tâcherai; je ferai mon possible, car j'ai bonne opinion de Dérigny.

LE GÉNÉRAL.

Parbleu ! un garçon parfait, doux comme un agneau, un cœur d'or. Voyez-le avec ses mioches. Brave militaire, beau garçon, que vous faut-il de plus?

LE CURÉ.

Ce qu'il a, général et ce dont vous ne parlez pas : de la religion et de la moralité.

LE GÉNÉRAL.

Puisqu'il l'a, vous n'avez plus rien à lui demander.

LE CURÉ.

Aussi me trouvé-je très-satisfait, général, et je désire que madame Blidot pense comme nous.

LE GÉNÉRAL.

Ceci vous regarde, mon bon curé, parlez-en avec elle quand Dérigny et moi nous n'y serons plus. L'affaire se terminera promptement en la poussant vivement. »

La conversation fut interrompue par Elfy, Moutier et les enfants, qui revenaient près du général. Elfy avait des larmes dans les yeux.

ELFY.

Mon bon général, que de reconnaissance! Il n'est pas possible d'être meilleur, plus généreux, plus paternel que vous ne l'avez été pour moi et pour Joseph. Que de choses vous nous donnez! Et avec quelle grâce, quelle bonté aimable!

Elfy saisit une de ses mains et la lui baisa à plusieurs reprises.

LE GÉNÉRAL.

Mon enfant, laissez-moi. Je vais pleurer si vous continuez; je n'en puis plus! Laissez-moi, vous dis-je; Moutier!

Moutier saisit son autre main, et, la serrant à la briser, y posa ses lèvres.

MOUTIER.

Mon général, je n'ai jamais baisé la main d'aucun homme; la vôtre est pour moi celle d'un bienfaiteur, d'un père.

LE GÉNÉRAL.

Tiens, vous dites comme Torchonnet.

Je crains qu'elle ne veuille pas se remarier. (Page 295.)

Moutier sourit; les larmes d'Elfy firent place à un rire joyeux, et l'attendrissement du général se dissipa comme par enchantement.

LE GÉNÉRAL.

Ouf! c'est fini! Je suis content. Voyez un peu la jolie figure que j'aurais faite, pleurant avec Elfy et Moutier. Sapristi! je sue d'y penser. Un général en grand uniforme pleurant comme un enfant qui a reçu le fouet! A présent, mes bons amis, vous avez tout vu, vous êtes bien contents comme moi, mais bien fatigués comme moi, et vous avez besoin d'être seuls comme moi. Laissez-moi renvoyer tout ce monde; promenez-vous tout doucement sur vos terres en causant, et laissez-moi surveiller le retour de l'ordre dans votre maison... Pas de réplique! Je veux ce que je veux. Envoyez-moi Dérigny et les enfants; dites que je désire qu'on s'en aille, et demandez au notaire de venir me parler.

Elfy baisa la main du général en signe de soumission et alla avec Moutier exécuter ses ordres. Bientôt la foule défila devant lui, et à chacun il disait:

« A demain, à la mairie. »

Il rappela au notaire qu'il couchait à l'auberge du *Général reconnaissant*.

« Votre chambre est prête, mon cher, ainsi que quelques autres pour les invités éloignés. »

Le notaire salua, serra la main que lui tendait le général, et sortit pour fumer en se promenant avec quelques amis avant de prendre possession des chambres qui leur avaient été préparées.

XXVII

LA NOCE.

Le général était allé surveiller les apprêts du festin pour le lendemain et tous les préparatifs de la fête qui devait se terminer par un bal et un feu d'artifice. A la

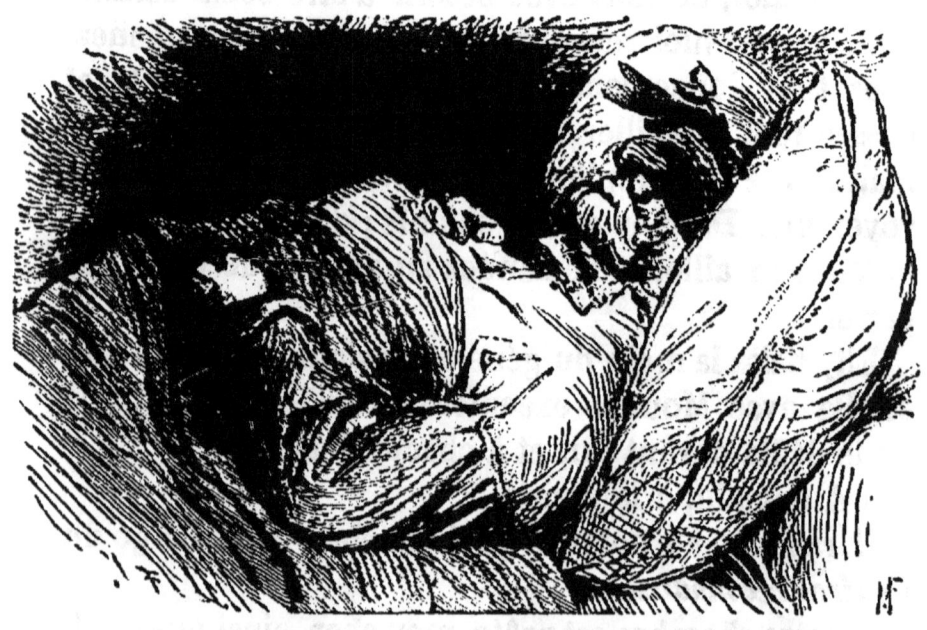

Il ronfla dix heures de suite sans bouger.

nuit tombante, il alla se coucher; la journée avait été fatigante, il ronfla dix heures de suite sans bouger.

On se réunit à sept heures pour déjeuner ; le bonheur était sur tous les visages.

ELFY.

Encore un remercîment à vous adresser, mon bon général; nous avons trouvé dans nos chambres nos toilettes pour ce matin.

LE GÉNÉRAL.

Trouvez-vous les vôtres à votre goût, Mesdames?

ELFY.

Charmantes, superbes, et cent fois au-dessus de ce que nous nous serions donné, si nous avions eu à les acheter, mon bon général.

LE GÉNÉRAL.

Je voudrais voir tout cela sur vous, ma petite Elfy, et je veux voir aussi votre sœur en grande toilette. »

Les deux sœurs se retirèrent avec les enfants, qui ne se possédaient pas de joie de mettre les beaux habits, les brodequins vernis, les chemises à manches à boutons préparés pour eux.

Le général et Moutier restèrent seuls ; les regards de Moutier exprimaient une profonde reconnaissance et un bonheur sans mélange : il renouvela ses remercîments en termes qui émurent le général.

« Soyez sûr, mon ami, lui répondit-il, que votre bonheur me rend moi-même fort heureux; je ne me sens plus seul ni abandonné ; je sais que tous vous m'aimez malgré mes sottises et mes bizarreries. Le souvenir que j'emporterai d'ici me sera toujours doux et cher. Mais il faut que nous aussi nous pensions à notre toilette; il faut que nous nous fassions beaux, vous, le marié, et moi, remplaçant le père de la mariée..... et le vôtre aussi, mon pauvre enfant. »

Moutier le remercia encore vivement, et ils se séparèrent. Dérigny attendait le général pour aider à sa toilette qui fut longue et qui mit en évidence toute l'ampleur de sa personne. Grande tenue de lieutenant général, uniforme brodé d'or, culotte blanche, bottes vernies, le grand cordon de Sainte-Anne et de Saint-Alexandre, des plaques en diamants, l'épée avec une poignée en diamants, et une foule de décorations de pays étrangers à la Russie.

Elfy ne tarda pas à paraître, jolie et charmante, avec sa robe de taffetas blanc, son voile de dentelle, sa couronne de roses blanches et de feuilles d'oranger. Des boucles d'oreilles, une broche et des épingles à cheveux en or et perles complétaient la beauté de sa toilette et de sa personne. Madame Blidot avait une toilette élégante appropriée à ses vingt-neuf ans et à son état de veuve. Moutier avait son riche costume de zouave tout neuf, qui faisait valoir la beauté de sa taille et de sa figure. Les enfants étaient gentils et superbes. Dérigny était proprement habillé, sans élégance et tout en noir. Seul, il avait une teinte de tristesse répandue sur son visage. Ce mariage lui rappelait le sien, moins brillant, avec le même bonheur en perspective, et ce bonheur s'était terminé par une longue souffrance. Il craignait aussi pour ses enfants les changements qu'amènerait certainement ce mariage. Et puis, son retour à lui ne l'obligerait-il pas à séparer ses enfants d'avec madame Blidot qu'ils aimaient tant? La proposition du général lui revenait sans cesse; il ne savait quel parti prendre : la rejeter, c'était replonger ses enfants dans la misère : l'accepter, c'était assurer leur avenir ; mais à quel prix! Quel voyage! quelle position incertaine! quel climat à affronter! Et quel chagrin à leur infliger que de les priver des soins et de la tendresse de madame Blidot! Ce furent ces réflexions, réveillées par le mariage d'Elfy qui attristèrent sa physionomie. Le général le regarda un instant, devina ses préoccupations :

« Courage, mon ami, lui dit-il. Je suis là, moi ; j'arrangerai votre vie comme j'ai arrangé celle de Moutier ; vous aurez vos enfants et encore du bonheur devant vous. »

Dérigny sourit tristement en remerciant le général et chercha à secouer les pensées pénibles qui l'obsédaient.

Les témoins, les garçons et les filles de noce ne tardèrent pas à arriver ; ils étaient tous dans l'admiration du brillant général, du superbe zouave et de la toilette de la mariée. Il faisait un temps magnifique, un beau soleil du mois d'août, mais sans trop d'ardeur, et pas de vent.

On se mit en marche vers la mairie ; comme la veille, le général donnait le bras à Elfy, et Moutier à madame Blidot. Dérigny et les enfants suivaient. A la mairie, le mariage civil fut promptement terminé, et on se dirigea vers l'église. Là les attendait une nouvelle surprise. Toute l'église était tendue en bleu, blanc et or. Une riche garniture d'autel, chandeliers, vases et fleurs, entourait un tabernacle de bronze doré artistement travaillé. Le curé était revêtu d'une magnifique chasuble d'étoffe dite pluie d'or. Les chantres avaient des chapes rouges et or. Des prie-Dieu, neufs et brillants, étaient préparés pour les assistants ; les prie-Dieu des mariés étaient couverts de housses de velours rouge. Le général et madame Blidot se placèrent l'un à droite, l'autre à gauche des mariés ; chacun prit place, et la cérémonie commença.

Jacques et Paul tinrent le poêle sur la tête du jeune couple ; ils étaient, après Moutier et Elfy, les plus heureux de toute l'assemblée; car aucun souci, aucune inquiétude, aucun souvenir pénible ne se mêlaient à leur joie. Madame Blidot les contemplait avec amour et orgueil. Mais subitement son visage s'assombrit en jetant un coup d'œil sympathique sur Dérigny; la tristesse de son regard lui révéla les inquiétudes qui l'assiégeaient, et à elle aussi la séparation d'avec les enfants lui apparut terrible et prochaine. Elle essaya de chasser cette cruelle pensée et se promit d'éclaircir la question avec Dérigny à la plus prochaine occasion.

La cérémonie était terminée; Elfy était la femme de Moutier qui la reçut à la sacristie des mains du général. Ils avaient tous les deux l'air radieux. Moutier emmena sa femme, et, suivant la recommandation du général, la mena dans la maison du *Général reconnaissant*, où devaient se réunir les invités. Toute la noce suivit les mariés, le général toujours en tête, mais cette fois menant madame Blidot au lieu d'Elfy.

LE GÉNÉRAL.

A quand votre noce, ma petite femme?

MADAME BLIDOT.

La mienne? Oh! général, jamais! Vous pouvez m'en croire. J'en ai eu assez de la première.

LE GÉNÉRAL.

Comme vous dites ça, ma pauvre petite femme! Vous avez l'air d'un enterrement.

MADAME BLIDOT.

Oh! général! c'est que j'ai la mort dans l'âme!

LE GÉNÉRAL.

Un jour comme celui-ci? Par exemple!

MADAME BLIDOT.

Général, vous savez que Jacques et Paul sont m

On se mit en marche vers la mairie. (Page 303.)

plus chère, ma plus vive affection. Voici leur père revenu ; me les laissera-t-il ? consentira-t-il jamais à s'en séparer ?

LE GÉNÉRAL.

Pour dire vrai, je ne le crois pas, ma bonne amie. Mais, que diantre ! nous n'y sommes pas encore ! Et puis je suis là, moi. Ayez donc confiance dans le vieux général. Voyez la noce, le contrat, le dîner et tout ; vous étiez d'une inquiétude, d'une agitation ! Eh bien ! qu'en dites-vous ? Ai-je bien mené l'affaire ? A-t-on manqué de quelque chose ? De même pour les enfants, je vous dis : Soyez tranquille ; il dépendra de vous de les garder toujours, avec l'autorité d'une mère.

MADAME BLIDOT.

Oh ! si cela ne dépendait que de moi, ce serait fait !

LE GÉNÉRAL.

Bon ! Souvenez-vous de ce que vous venez de dire. Je vous le rappellerai en temps et lieu, et vous aurez vos enfants. Nous voici arrivés ; plus de tristesse ; ne songeons qu'à nous réjouir, sans oublier de boire et de manger. »

Le général quitta madame Blidot pour jeter un coup d'œil sur le dîner. Tout était prêt ; il fut content de l'aspect général et revint près d'Elfy pour l'avertir qu'on allait servir. La porte du fond s'ouvrit, et un maître d'hôtel, en grande tenue parisienne, annonça : « Le général est servi. »

Une salle immense s'offrit à la vue des convives étonnés et d'Elfy enchantée. La cour avait été convertie en salle à manger ; des tentures rouges garnissaient tous les murs ; un vitrage l'éclairait par en haut ; la table, de cinquante-deux couverts, était splendidement garnie et ornée de cristaux, de bronzes, de candélabres, etc.

Le général donna le bras à Elfy, qu'il plaça à sa droite; à sa gauche, le curé; près d'Elfy, son mari; près du curé, le notaire. En face du général, madame Blidot; à sa droite. Dérigny et ses enfants; à sa gauche, le maire et l'adjoint. Puis les autres convives se placèrent à leur convenance.

« Potages : bisque aux écrevisses! potage à la tortue! » annonça le maître d'hôtel.

Tout le monde voulut goûter des deux pour savoir lequel était le meilleur; la question resta indécise. Le général goûta, approuva, et en redemanda deux fois. On se léchait les lèvres; les gourmands regardaient avec des yeux de convoitise ce qui restait des potages inconnus et admirables.

« Turbot sauce crevette! saumon sauce impériale! filets de chevreuil sauce madère!

Le silence régnait parmi les convives; chacun mangeait, savourait; quelques vieux pleuraient d'attendrissement de la bonté du dîner et de la magnificence du général. Le citoyen qui connaissait si bien Paris et ses théâtres approuvait tout haut :

« Bon! très-bon! bien cuit! bonne sauce! comme chez Véry. »

« Ailes de perdreaux aux truffes! »

Mouvement général; aucun des convives n'avait de sa vie goûté ni flairé une truffe; aussi le maître d'hôtel s'estima-t-il fort heureux de pouvoir en fournir à toute la table; le plat se dégarnissait à toute minute; mais il y en avait toujours de rechange, grâce à la prévoyance du général, qui avait dit :

« Nous serons cinquante-deux; comptez sur cent

ot sauce crevette! saumon sauce impériale! filets de chevreuil sauce madère!

quatre gros mangeurs, et vous n'aurez pas de restes. »

« Volailles à la suprême! » reprit le maître d'hôtel quand les perdreaux et les truffes eurent disparu sans laisser de traces de leur passage.

Jacques et Paul avaient mangé jusque-là sans mot dire. A la vue des volailles, ils reconnurent enfin ce qu'ils mangeaient.

« Ah! voilà enfin de la viande, s'écria Paul.

— De la viande? reprit le général indigné; où vois-tu de la viande, mon garçon?

JACQUES.

Voilà, général! dans ce plat. Ce sont les poulets de tante Elfy.

LE GÉNÉRAL, *indigné*.

Ma bonne madame Blidot, de grâce, expliquez à ces enfants que ce sont des poulardes du Mans, les plus fines et les plus délicates qui se puissent manger!

ELFY, *riant*.

Croyez-vous, général, que mes poulets ne soient pas fins et délicats!

— Vos poulets! vos poulets! reprit le général contenant son indignation. Mon enfant, mais ces bêtes que vous mangez sont des poulardes perdues de graisse, la chair en est succulente...

ELFY.

Et mes poulets?

LE GÉNÉRAL.

Que diantre! vos poulets sont des bêtes sèches, noires, misérables, qui ne ressemblent en rien à ces grasses et admirables volailles.

ELFY.

Pardon, mon bon général; ce que j'en dis, c'est

pour excuser les petits, là-bas, qui ne comprennent rien au dîner splendide que vous nous faites manger.

LE GÉNÉRAL.

Bien, mon enfant ! ne perdons pas notre temps à parler, ne troublons pas notre digestion à discuter, mangeons et buvons. »

Le général en était à son dixième verre de vin ; on avait déjà servi du madère, du bordeaux-Laffite, du bourgogne, du vin du Rhin : le tout première qualité. On commençait à s'animer, à ne plus manger avec le même acharnement.

« Faisans rôtis ! coqs de bruyère ! gelinottes ! »

Un frémissement de surprise et de satisfaction parcourut la salle. Le général regardait de l'air d'un triomphateur tous ces visages qui exprimaient l'admiration et la reconnaissance.

Succès complet ; il n'en resta que quelques os que les mauvaises dents n'avaient pu croquer.

« Jambons de marcassin ! homards en salade ! »

Chacun goûta, chacun mangea, et chacun redemanda.

Le tour des légumes arriva enfin ; on était à table depuis deux heures. Les enfants de la noce, avec Jacques et Paul en tête, eurent permission de sortir de table et d'aller jouer dehors ; on devait les ramener pour les sucreries.

Après les asperges, les petits pois, les haricots verts, les artichauts farcis, vinrent les crèmes fouettées, non fouettées, glacées, prises, tournées. Puis les pâtisseries, babas, mont-blanc, saint-honoré, talmouses, croque-en-bouche achevèrent le triomphe du moderne Vatel et celui du général. Les enfants étaient revenus chercher leur part de friandises, et ils ne quittèrent la place que lorsqu'on eut bu les santés du général, des mariés, de madame Blidot, avec un champagne exquis, trop exquis, car la plupart des invités quittèrent la table en chancelant et furent obligés de laisser passer l'effet du champagne dans des fauteuils, où ils dormirent jusqu'au soir.

A la fin du dîner après les glaces de diverses espèces les ananas, les fruits de toutes saisons, les bonbons et autres friandises, Elfy proposa de boire à la santé de l'artiste auteur du dîner merveilleux dont on venait de se régaler.

Le général reçut cette proposition avec une reconnaissance sans égale. Il vit qu'Elfy savait apprécier une bonne cuisine, et, dans sa joie, il la proclama la perle des femmes. On but cette santé devant le héros artiste, que le général fit venir pour le complimenter, qui se rengorgea, qui remercia et qui se retira récompensé de ses fatigues et de ses ennuis.

La journée s'avançait; le général demanda si l'on n'aimerait pas à la finir par un bal. On accepta avec empressement; mais où trouver un violon? Personne n'y avait pensé.

« Que cela ne vous inquiète pas, ne suis-je pas là, moi? Allons danser sur le pré d'Elfy; nous trouverons bien une petite musique; il n'en faut pas tant pour danser; le premier crincrin fera notre affaire. »

La noce se dirigea vers l'*Ange-Gardien*, qu'on trouva décoré comme la veille. On passa dans le jardin. Sur le pré étaient dressées deux grandes tentes, l'une pour danser, l'autre pour manger; un buffet entourait de trois côtés cette dernière et devait, jusqu'au lendemain, se trouver couvert de viandes froides, de poissons, de pâtisseries, de crèmes, de gelées; la tente de bal était ouverte d'un côté et garnie des trois autres de candélabres, de fleurs et de banquettes de velours rouge à franges d'or. Au fond, sur une estrade, était un orchestre composé de six musiciens qui commencèrent une contredanse, dès que le général eut fait son entrée avec la mariée.

Les enfants, les jeunes, les vieux, tout le monde dansa ; le général ouvrit le bal avec Elfy, valsa avec madame Blidot, dansa, valsa toute la soirée, presque

On entrecoupait les danses de visites aux buffets.

toute la nuit comme un vrai sous-lieutenant ; il suait à grosses gouttes, mais la gaieté générale l'avait gagné, et il accomplissait les exploits d'un jeune homme. Elfy et Moutier dansèrent à s'exténuer ; tout le monde en fit autant, en entrecoupant les danses de visites aux buffets ; on eut fort à faire pour satisfaire l'appétit des danseurs.

A dix heures, il y eut un quart d'heure de relâche pour voir tirer un feu d'artifice qui redoubla l'admira-

Tout le monde dansa. (Page 314.)

tion des invités. Jamais à Loumigny on n'avait tiré que des pétards. Aussi le souvenir de la noce de Moutier à l'*Ange-Gardien* y est-il aussi vivant qu'au lendemain de cette fête si complète et si splendide. Mais tout a une fin, et la fatigue fit sonner la retraite à une heure avancée de la nuit. Chacun fut enfin se coucher, heureux, joyeux, éreinté.

Jacques et Paul dormirent le lendemain jusqu'au soir, soupèrent et se recouchèrent encore jusqu'au len-

On se retira à une heure avancée de la nuit.

demain. Il y eut plusieurs indigestions à la suite de ce festin de Balthazar; l'habitué de Paris manqua en mourir, le notaire fut pendant trois jours hors d'état de faire le moindre acte.

Le général, qui s'était établi chez lui à l'ex-auberge de Bournier avec Dérigny, fut un peu indisposé et courbaturé; il garda à son service un des cuisiniers venus de Paris, en lui recommandant de se faire envoyer des provisions de toute sorte.

XXVIII

UN MARIAGE SANS NOCE.

Le lendemain de la noce, le général, voyant Dérigny plus triste qu'il ne l'avait encore été depuis le jour où il avait retrouvé ses enfants, lui demanda avec intérêt ce qui l'attristait ainsi, et l'engagea à parler avec franchise.

LE GÉNÉRAL.

Parlez à cœur ouvert, mon ami ; ne craignez pas que je m'emporte ; je vous vois triste et inquiet, et je vous porte trop d'intérêt pour me fâcher de ce que vous pourriez me dire.

DÉRIGNY

Mon général, veuillez m'excuser, mais, depuis la proposition que vous m'avez faite de me garder à votre service, de m'emmener même en Russie avec mes enfants, je ne sais à quoi me résoudre. Je vois qu'il est pour eux d'un intérêt immense de vous accompagner avec moi ; mais, mon général (pardonnez-moi de vous parler si franchement), que de tristesses et d'inconvénients pour eux, et par conséquent pour moi, doivent résulter de cette position ! Mes pauvres enfants aiment si tendrement madame Blidot que les en séparer pour des années, et peut être pour toujours, serait leur imposer un chagrin des plus cruels. Et comment moi, occupé de mon service près de vous, mon général, pourrais-je veiller sur mes enfants, continuer leur éducation si bien commencée? Et puis, mon général, si ces enfants vous fatiguent, vous ennuient, soit en route, soit en Russie, que deviendrons-nous? »

Dérigny s'arrêta triste et pensif. Le général l'avait écouté attentivement et sans colère.

« Et si vous me quittez, mon ami, que deviendrez-vous, que ferez-vous de vos enfants? »

Dérigny prit sa tête dans ses mains avec un geste de douleur et dit d'une voix émue :

« Voilà, mon général; c'est ça, c'est bien ça…… Mais que puis-je, que dois-je faire? Pardon si je vous parle aussi librement, mon général; vous m'avez encouragé, et je me livre à votre bonté.

LE GÉNÉRAL.

Dérigny, j'ai déjà pensé à tout cela; j'en ai même parlé au curé. Vos enfants ne peuvent ni quitter madame Blidot ni rester où ils sont; le mariage d'Elfy donne un maître à la maison et annule l'autorité de madame Blidot; elle et les enfants ne tarderaient pas à être mal à l'aise. Il n'y a qu'un moyen pour vous, un seul, de garder vos enfants et de leur laisser cette excellente mère qui remplace si bien celle qu'ils ont perdue. Épousez-la. »

Dérigny fit un bond qui fit sauter le général.

DÉRIGNY.

Moi? mon général! Moi, sans fortune, sans famille, sans avenir, épouser madame Blidot qui est riche, qui ne songe pas à se remarier? C'est impossible, mon général! Impossible!..... Oui, malheureusement impossible. »

Le général sourit au *malheureusement*. Dérigny n'y répugnait donc pas; il accepterait ce mariage pour ses enfants et peut-être pour son propre bonheur.

LE GÉNÉRAL.

Mon ami, ce n'est pas impossible. Vous me parlez franchement, je vais en faire autant. Je suis vieux, je suis infirme, je déteste le changement. Je vous aime et je vous estime; votre service me plaît beaucoup et m'est nécessaire. Si vous épousez madame Blidot et que vous consentiez à rester chez moi avec elle et vos enfants, et à m'accompagner en Russie, toujours avec elle et les enfants, j'assurerai votre avenir en achetant et vous donnant les terres qui avoisinent mon auberge. Vous savez que, d'après les termes du contrat d'Elfy, je donne l'auberge à madame Blidot si elle vous épouse, car c'est à vous que j'ai pensé en faisant mettre cette clause. Quant à mon séjour en Russie, il ne sera pas long; j'arrangerai mes affaires, je quitterai le service actif en raison de mes nombreuses blessures, et je reviendrai me fixer en France. Voyez, mon ami, réfléchissez; voulez-vous que je parle à madame Blidot?

DÉRIGNY.

Mon général, que de bontés! Mes chers enfants! ils vous devront tout, ainsi que leur père. Oh! oui, mon général, parlez-lui, demandez-lui, au nom de mes enfants, qu'elle devienne leur vraie mère, que je puisse les lui donner en les conservant.

LE GÉNÉRAL.

Aujourd'hui même, mon cher Dérigny; je suis content de vous trouver si raisonnable. Allez me chercher

lui, lui baisa les mains en sanglotant et en répétant : « Merci, bon général, merci. »

Le général, stupéfait, ne comprenant rien, ne devinant rien, crut qu'il était arrivé un malheur à l'*Ange-Gardien*, et, se levant tout effaré, il releva madame Blidot et lui demanda avec inquiétude ce qu'il y avait.

Dérigny entrait au même moment; il allait raconter au général ce qui venait d'arriver, lorsque madame Blidot, le voyant entrer, s'élança vers lui, lui saisit les mains, et, l'amenant devant le général, elle dit d'une voix tremblante :

« Il me donne les enfants. Jacques et Paul seront à moi, à moi, général ! Je serai leur mère, car je serai sa femme. »

Le général partit d'un éclat de rire :

« Ha ! ha ! ha ! et nous qui faisions de la diplomatie, monsieur le curé et moi, pour arriver à vous faire consentir. La bonne farce ! La bonne histoire ! Je te fais mon compliment, mon bon Dérigny. Tu vois bien, mon ami, que les terres ont bien fait.

DÉRIGNY, *riant*.

Elles n'ont rien fait, général ; elle ne sait seulement pas que vous me donnez quelque chose.

LE GÉNÉRAL.

Comment ! Vous ne le lui avez pas dit ?

DÉRIGNY.

Je n'ai pas eu le temps, mon général ; quand cette excellente femme a compris qu'en m'épousant elle ne se séparait pas de mes enfants, elle m'a remercié comme d'un bienfait, et elle a couru chez vous pour vous exprimer sa reconnaissance d'avoir arrangé son bonheur, disait-elle.

— Pauvre femme! dit le général attendri. Pauvre petite femme! C'est bien par amour pour les enfants! Avec un cœur pareil, Dérigny, vous serez heureux, et les enfants aussi.

DÉRIGNY.

Que Dieu vous entende, mon général! »

Madame Blidot causait pendant ce temps avec le curé.

« Je n'ai plus de souci, de poids sur le cœur, disait-elle. Monsieur le Curé, dites demain une messe pour moi, en action de grâces. Allons, adieu, à revoir, monsieur le Curé; à tantôt, mon bon général, nous viendrons voir comment vous vous trouvez de vos fatigues d'hier. Sans adieu, mon cher Dérigny; je cours voir *mes* enfants et annoncer la bonne nouvelle à Elfy. »

Madame Blidot disparut aussi vite qu'elle était entrée, laissant Dérigny content, mais étonné, le général riant et se frottant les mains, le curé partageant la gaieté et la satisfaction du général.

LE GÉNÉRAL.

Eh bien, mon ami, vous qui n'y pensiez pas, vous qui avez bondi comme un lion quand je vous en ai parlé, vous qui trouviez ce mariage impossible il y a une heure à peine, vous voilà presque marié.

DÉRIGNY.

Oui, mon général, je vous ai une vive reconnaissance d'avoir bien voulu arranger la chose. Cette pauvre femme est réellement touchante par sa tendresse pour mes enfants : je suis sûr que je l'aimerai, non pas comme ma pauvre Madeleine, mais comme l'ange protecteur des enfants de Madeleine. Chers enfants! vont-ils être heureux! Quand je pense à leur joie, je vous

madame Blidot, que je lui parle tout de suite..... Mais, non, c'est impossible; vous ne pouvez pas y aller pour cela. Envoyez-moi le curé; je le lui enverrai à mon tour; il me la ramènera, et à nous deux nous ferons votre affaire. Allez, mon ami, vite, vite, et puis allez voir vos enfants. »

Dérigny ne se le fit pas dire deux fois; il n'avait pas encore vu ses enfants; il ignorait qu'ils dormaient encore. Il alla lestement faire au curé la commission du général et courut à l'*Ange-Gardien;* il y trouva madame Blidot seule. Il éprouva un instant d'embarras.

« Je suis seule éveillée, dit-elle en souriant. Ils sont tous éreintés, et ils dorment tous.

DÉRIGNY.

Je venais voir mes enfants, ma bonne madame Blidot.

MADAME BLIDOT.

Monsieur Dérigny, je suis bien aise que nous soyons seuls : j'ai à causer avec vous au sujet des enfants. Mon cher monsieur Dérigny, vous savez combien je les ime; les perdre serait ma mort. Voulez-vous me les laisser? »

Dérigny hésita avant de répondre. Madame Blidot restait tremblante devant lui; elle le regardait avec anxiété; elle attendait sa réponse.

« Jamais je n'aurai le courage de les reperdre une seconde fois, dit Dérigny à voix basse.

— Mon Dieu, mon Dieu! s'écria madame Blidot en cachant sa figure dans ses mains, je l'avais prévu! »

Elle sanglotait, Dérigny s'assit près d'elle.

DÉRIGNY.

Chère madame Blidot, si vous saviez combien votre tendresse pour mes enfants me touche!

MADAME BLIDOT.

Elle vous touche, et vous ne voulez rien faire pour la contenter !

DÉRIGNY.

Pardonnez-moi, je suis disposé à faire beaucoup pour vous les laisser, mais je ne puis, je n'ose vous le dire moi-même : le général vous en parlera, et, si vous acceptez la proposition qu'il vous fera en mon nom, mes enfants seront les vôtres.

MADAME BLIDOT, *avec surprise.*

Le général !... les enfants !... Ah ! je comprends. »
Madame Blidot tendit la main à Dérigny.

« Mon cher monsieur Dérigny, je ne veux faire ni la prude ni la sotte. Vous me proposez de devenir votre femme pour garder les enfants ? Voici ma main ; j'accepte avec plaisir et bonheur. Merci de me laisser ces chers petits à soigner, à élever, à ne les jamais quitter, à devenir leur mère, leur vraie mère ! Courons vite chez le général ; que j'aille le remercier, car c'est lui qui en a eu l'idée, j'en suis sûre. »

Dérigny restait sans parole, heureux, mais surpris. Il ne put s'empêcher de rire de ce facile dénoûment.

DÉRIGNY.

Mais vous ne savez rien encore ; vous ne savez pas que le général me donne.....

MADAME BLIDOT.

Eh ! qu'il donne ce qu'il voudra ! Que m'importe ? Vous me donnez les enfants ; c'est là mon bonheur, ma vie ! Je ne veux pas autre chose. »

Et sans attendre Dérigny elle sortit en courant, alla toujours courant chez le général, entra sans hésiter, le trouva en discussion avec le curé, se précipita vers

drais, comme madame Blidot, pouvoir me marier demain. Et je vais suivre votre conseil, mon général, demander au maire de nous afficher, au notaire de faire le contrat, et à monsieur le curé de nous garder sa messe pour le lundi de la semaine qui suivra celle dans laquelle nous entrons.

LE GÉNÉRAL, *riant*.

C'est agir en homme sage, mon ami. Vous êtes pressés tous deux par vos enfants ; finissez-en le plus tôt possible. Allez, mon cher, allez vite, de peur que maire et notaire ne vous échappent. Je vous donne congé jusqu'au soir. Monsieur le curé veut bien me tenir compagnie, et Moutier viendra si j'ai besoin de quelque chose. Je suis, en vérité, aussi pressé que vous de voir le mariage fait et votre femme établie chez moi avec vous et vos enfants.

Dérigny disparut et utilisa son temps : il écrivit dans son pays pour avoir les papiers nécessaires, il arrangea tout avec le notaire et le maire, puis il courut à l'*Ange-Gardien*, où il arriva vers le soir, au moment où les enfants venaient de s'éveiller et demandaient à manger.

Madame Blidot accourut.

« Mes enfants, mes chers enfants, votre papa veut bien que je vive toujours avec vous et avec lui ; il va m'épouser ; je serai sa femme, et vous serez mes enfants.

JACQUES.

Oh ! que je suis content, maman ! J'avais peur que papa ne nous emmène loin de vous, ou bien qu'il ne nous laisse ici en partant sans nous. Merci, mon cher papa, vous êtes bien bon.

DÉRIGNY.

C'est votre maman qui est bien bonne de le vouloir,

mes chers enfants. Moi, je suis si heureux de vous garder près de moi avec cette excellente maman, que je la remercie du fond du cœur d'avoir dit oui.

MADAME BLIDOT.

Et moi, mon ami, je vous remercie de tout mon cœur de m'en avoir parlé. C'est que je n'y pensais pas du tout. Allons-nous être heureux, mon Dieu! Tous ensemble, toujours!

Elfy, qui avait préparé le souper, vint ainsi que Moutier prendre part à leur joie, et les enfants sautaient et gambadaient sans oublier le souper, car Paul s'écria :

« Et la soupe? J'ai si faim!

— Voilà! voilà! » dit Moutier qui l'apportait.

Ils se mirent gaiement à table. Tous étaient les plus heureuses gens de la terre. Le général fut porté aux nues; on n'en dit que du bien : madame Blidot trouva même qu'il était très-bel homme, ce qui excita les rires de la famille. Le souper fini, les enfants, mal reposés de leur nuit de fatigue, demandèrent à se recoucher. Madame Blidot ne voulut pas être aidée par Elfy; elle la remplaça par Dérigny, enchanté de donner des soins à ses enfants et de voir faire madame Blidot.

Moutier et Elfy allèrent voir le général. Dérigny et madame Blidot les y rejoignirent quand les enfants furent endormis; on laissait pour les garder une servante qu'on avait prise depuis l'arrivée du général, et qu'Elfy voulut garder quand elle sut que madame Blidot les quitterait.

XXIX

CONCLUSION, MAIS SANS FIN.

Les dix ou douze jours qui séparèrent la demande en mariage d'avec la cérémonie s'écoulèrent vite et gaiement ; les futurs quittaient peu le général, que la gaieté et l'entrain de madame Blidot amusaient toujours. Le mariage se fit sans bruit ni fête : deux veufs qui se marient ne font pas de noce comme des jeunes gens. On dîna chez le général, avec le curé et le notaire. Dans l'après-midi, madame Dérigny s'installa chez le général avec les enfants. Monsieur et madame Moutier devinrent seuls maîtres de l'*Ange-Gardien*. Le général désira que l'auberge du *Général reconnaissant* restât ouverte à tous les voyageurs militaires, et lui-même se plaisait à les servir et à couler des pièces d'or dans leurs poches. Il vécut gai et heureux à Loumigny pendant un mois encore : la conclusion de la paix l'obligea à quitter cette vie douce et uniforme qui lui plaisait..... au moins pour un temps.

Il fallut partir. Selon leurs conventions, Dérigny l'accompagna, emmenant sa femme et ses enfants, tous enchantés du voyage et heureux de ne pas se séparer. Madame Blidot s'était attachée à son mari autant qu'aux enfants ; Dérigny s'aperçut avec surprise qu'il aimait sa seconde femme comme il avait aimé Madeleine ; sa gaieté première était revenue. Le général se trouvait le plus heureux des hommes. Avant de quitter Loumigny, il donna la maison et ses dépendances à sa petite femme, comme il l'appelait encore : les prés, les terres environnants à Dérigny, qui eut ainsi une propriété personnelle de plus de quarante mille francs.

Moutier et Elfy se chargèrent de l'administration et de la garde de la maison et des terres du *Général reconnaissant* en l'absence de Dérigny et de sa famille. La séparation des deux sœurs fut douloureuse ; Elfy pleurait ; Moutier était visiblement ému. Le général embrassa Elfy avec effusion et dit en la remettant à Moutier :

« A revoir dans un an, mes enfants, mes bons amis. Attendez-moi pour le baptême de votre premier enfant ; c'est moi qui suis le parrain. Adieu, mes enfants, pensez au vieux général, toujours reconnaissant. »

La voiture partit ; Moutier emmena sa femme, qui pleurait moins amèrement depuis la promesse du général.

ELFY.

Croyez-vous, mon ami, qu'ils reviendront dans un an, comme l'a promis le général ?

MOUTIER.

J'en suis certain, ma petite Elfy. Il nous aime tous, il n'aime que nous, et il veut notre bonheur. »

Moutier essuya les yeux d'Elfy et l'emmena faire une tournée d'inspection dans les prés et les terres de Dérigny ; ils rangèrent tout dans la maison, qui resta fermée jusqu'au retour de ses propriétaires.

Torchonnet devint un assez bon sujet, et sortit de

L'auberge resta ouverte à tous les voyageurs militaires. (Page 327.)

chez les frères pour entrer en qualité de commis dans une maison de commerce.

Le procès Bournier se termina par la condamnation à mort de Bournier et de sa femme, et aux travaux forcés à perpétuité du frère de Bournier. La femme Bournier ne fut pas exécutée; elle fut enfermée dans une maison d'aliénés, étant devenue folle furieuse par suite du coup sur la tête qu'elle avait reçu de Moutier. Bournier eut la tête tranchée et mourut en proférant des imprécations contre Moutier et le général.

Auberge du général reconnaissant.

On sut par lui et dans le courant du procès, qu'il avait emmené la voiture du général pour faire croire à son départ; qu'il avait mené cette voiture dans un bois où il l'avait brisée avec son frère à coups de hache et brûlée ensuite, et qu'ils étaient revenus de nuit à Loumigny sans avoir été vus de personne.

Le curé fit exécuter les travaux qu'avait indiqués le général; l'église de Loumigny devint la plus jolie du pays, et fut souvent visitée par des voyageurs de distinction qui s'arrêtaient à l'*Ange-Gardien*, seule bonne auberge du village.

Nous ne dirons rien du général ni de ses compagnons

de route, dont nous nous proposons de continuer l'histoire dans un autre volume; nous nous bornerons à constater que leur voyage fut gai et heureux, et qu'ils arrivèrent tous en bon état dans la terre de Gromiline, près Smolensk, après avoir passé par Pétersbourg et par Moscou. Les détails au prochain volume.

FIN

L'église de Loumigny.

TABLE

I.	A la garde de Dieu..................................	3
II.	L'Ange-Gardien......................................	17
III.	Informations..	28
IV.	Torchonnet..	42
V.	Séparation..	52
VI.	Surprise et bonheur.................................	70
VII.	Un ami sauvé..	86
VIII.	Torchonnet placé....................................	103
IX.	Le général arrange les affaires de Moutier..........	113
X.	A quand la noce?....................................	125
XI.	Querelle pour rire..................................	137
XII.	La dot et les montres...............................	147
XIII.	Le juge d'instruction...............................	159
XIV.	Autres pensées bizarres du général..................	173
XV.	Le départ...	184
XVI.	Torchonnet se dessine...............................	191
XVII.	Première étape du général...........................	199
XVIII.	Les eaux..	215
XXI.	Coup de théâtre.....................................	225

XX.	Première inquiétude paternelle..................	235
XXI.	Torchonnet dévoilé......................	241
XXII.	Colère et repentir du général...................	248
XXIII.	Réparation complète........................	259
XXIV.	Mystères.......	269
XXV.	Le contrat.........................	278
XXVI.	Le contrat. Générosité inattendue............ ...	283
XXVII.	La noce..	300
XXVIII.	Un mariage sans noce..................... ...	318
XXIX.	Conclusion, mais sans fin....................	327

FIN DE LA TABLE.

Corbeil. Imprimerie Crété.

LIBRAIRIE HACHETTE & C⁰
BOULEVARD SAINT-GERMAIN, 79, A PARIS

LE
JOURNAL DE LA JEUNESSE
NOUVEAU RECUEIL HEBDOMADAIRE
TRÈS RICHEMENT ILLUSTRÉ
POUR LES ENFANTS DE 10 A 15 ANS

Les quinze premières années (1873-1887),
formant trente beaux volumes grand in-8°, sont en vente

Ce nouveau recueil est une des lectures les plus attrayantes que l'on puisse mettre entre les mains de la jeunesse. Il contient des nouvelles, des contes, des biographies, des récits d'aventures et des voyages, des causeries sur l'histoire naturelle, la géographie, les arts et l'industrie, etc., par

Mmes S. BLANDY, COLOMB, GUSTAVE DEMOULIN, EMMA D'ERWIN, ZÉNAÏDE FLEURIOT, ANDRÉ GÉRARD, JULIE GOURAUD, MARIE MARÉCHAL, L. MUSSAT, P. DE NANTEUIL, OUIDA, DE WITT NÉE GUIZOT,

MM. A. ASSOLLANT, DE LA BLANCHÈRE, LÉON CAHUN, RICHARD CORTAMBERT, ERNEST DAUDET, DILLAYE, LOUIS ÉNAULT, J. GIRARDIN, AIMÉ GIRON, AMÉDÉE GUILLEMIN, CH. JOLIET, ALBERT LÉVY, ERNEST MENAULT, EUGÈNE MULLER, PAUL PELET, LOUIS ROUSSELET, G. TISSANDIER, P. VINCENT, ETC.

et est
ILLUSTRÉ DE 8500 GRAVURES SUR BOIS
d'après les dessins de

É. BAYARD, BERTALL, BLANCHARD,
CAIN, CASTELLI, CATENACCI, CRAFTY, C. DELORT,
FAGUET, FÉRAT, FERDINANDUS, GILBERT,
GODEFROY DURAND, HUBERT-CLERGET, KAUFFMANN, LIX, A. MARIE
MESNEL, MOYNET, MYRBACH, A. DE NEUVILLE, PHILIPPOTEAUX,
POIRSON, PRANISHNIKOFF, RICHNER, RIOU,
RONJAT, SAHIB, TAYLOR, THÉROND,
TOFANI, TH. WEBER, E. ZIER.

CONDITIONS DE VENTE ET D'ABONNEMENT

LE JOURNAL DE LA JEUNESSE paraît le samedi de chaque semaine. Le prix du numéro, comprenant 16 pages grand in-8°, est de **40** centimes.

Les 52 numéros publiés dans une année forment deux volumes.

Prix de chaque volume, broché, **10** francs; cartonné en percaline rouge, tranches dorées, **13** francs.

Pour les abonnés, le prix de chaque volume du *Journal de la Jeunesse* est réduit à **5** francs broché.

PRIX DE L'ABONNEMENT
POUR PARIS ET LES DÉPARTEMENTS

Un an (2 volumes).............. **20** FRANCS
Six mois (1 volume)............ **10**   —

Prix de l'abonnement pour les pays étrangers qui font partie de l'Union générale des postes : Un an, **22** fr.; six mois, **11** fr.

Les abonnements se prennent à partir du 1ᵉʳ décembre et du 1ᵉʳ juin de chaque année.

MON JOURNAL

SIXIÈME ANNÉE

NOUVEAU RECUEIL MENSUEL ILLUSTRÉ

POUR LES ENFANTS DE 5 A 10 ANS

PUBLIÉ SOUS LA DIRECTION DE

Mme Pauline KERGOMARD et de M. Charles DEFODON

CONDITIONS DE VENTE ET D'ABONNEMENT :

Il paraît un numéro le 15 de chaque mois depuis le 15 octobre 1881.

Prix de l'abonnement : Un an, **4 fr. 80**; prix du numéro, **15 centimes**.

Les six premières années de ce nouveau recueil forment six beaux volumes grand in-8°, illustrés de nombreuses gravures. La première année est épuisée ; la septième est en cours de publication.

Prix de l'année, brochée, **2 fr.** ; cartonnée en percaline gaufrée, avec fers spéciaux à froid, **2 fr. 50**.

Prix de l'emboîtage en percaline, pour les abonnés ou les acheteurs au numéro, **50 centimes**.

NOUVELLE COLLECTION ILLUSTRÉE

POUR LA JEUNESSE ET L'ENFANCE
1re SÉRIE, FORMAT IN-8° JÉSUS

Prix du volume : broché, **7 fr.** ; cartonné, tranches dorées, **10 fr.**

About (Ed.) : *Le roman d'un brave homme.* 1 vol. illustré de 52 compositions par Adrien Marie.

— *L'homme à l'oreille cassée.* 1 vol. illustré de 51 compositions par Eug. Gonchoin.

Cahun (L.) : *Les aventures du capitaine Magon.* 1 vol. illustré de 72 gravures d'après Philippoteaux.

— *La bannière bleue.* 1 vol. illustré de 73 gravures d'après Lix.

Deslys (Charles) : *L'héritage de Charlemagne.* 1 vol. illustré de 127 gravures d'après Zier.

Dillayo (Fr.) : *Les jeux de la jeunesse, leur origine, leur histoire, avec l'indication des règles qui les régissent.* 1 vol. illustré de 203 gravures.

Du Camp (Maxime) : *La vertu en France.* 1 vol. illustré de gravures d'après Duez, Myrbach, Tofani et E. Zier.

Rousselet (Louis) : *Nos grandes écoles militaires et civiles.* 1 vol. illustré de gravures d'après A. Lemaistre, Fr. Régamey et P. Renouard.

2° SÉRIE, FORMAT IN-8° RAISIN

Prix du volume : broché, **4 fr.** ; cartonné, tranches dorées, **6 fr.**

Assollant (A.) : *Montluc le Rouge.* 2 vol. avec 107 grav. d'après Sahib.

— *Pendragon.* 1 vol. avec 42 gravures d'après C. Gilbert.

Auerbach : *La fille aux pieds nus.* Nouvelle imitée de l'allemand par J. Gourdault. 1 vol. avec 72 gravures d'après Vautier.

Baker (S. W.) : *L'enfant du naufrage,* traduit de l'anglais par Mme Fernand. 1 vol. avec 10 gravures.

Blandy (Mme S.) : *Rouzétou.* 1 vol. illustré de 112 gravures d'après E. Zier.

Cahun (L.) : *Les pilotes d'Ango.* 1 vol. avec 45 gravures d'après Sahib.

— *Les mercenaires.* 1 vol. avec 54 gravures d'après P. Fritel.

Chéron de la Bruyère (Mme) : *La tante Derbier.* 1 vol. illustré de 50 gravures d'après Myrbach.

Colomb (Mme) : *Le violoneux de la sapinière.* 1 vol. avec 85 gravures d'après A. Marie.

— *La fille de Carilès.* 1 vol. avec 90 gravures d'après A. Marie.

Ouvrage couronné par l'Académie française.

— *Deux mères.* 1 vol. avec 133 gravures d'après A. Marie.

— *Le bonheur de Françoise.* 1 vol. avec 112 gravures d'après A. Marie.

— *Chloris et Jeanneton.* 1 vol. avec 105 gravures d'après Sahib.

— *L'héritière de Vauclain.* 1 vol. avec 104 grav. d'après C. Delort.

— *Franchise.* 1 vol. avec 113 gravures d'après C. Delort.

— *Feu de paille.* 1 vol. avec 98 gravures d'après Tofani.

— *Les étapes de Madeleine.* 1 vol. avec 105 gravures d'après Tofani.

Colomb (Mᵐᵉ) : *Denis le tyran.* 1 vol. avec 115 gravures d'après Tofani.

— *Pour la muse.* 1 vol. avec 105 gravures d'après Tofani.

— *Pour la patrie.* 1 vol. avec 112 gravures d'après E. Zier.

— *Hervé Plémeur.* 1 vol. avec 112 gravures d'après E. Zier.

— *Jean l'innocent.* 1 vol. illustré de 112 gravures d'après Zier.

— *Danielle.* 1 vol. illustré de 112 gravures d'après Tofani.

Cortambert (E.) : *Voyage pittoresque à travers le monde.* 1 vol. avec 81 gravures.

— *Mœurs et caractères des peuples (Europe, Afrique).* 1 vol. avec 69 gr.

— *Mœurs et caractères des peuples (Asie, Amérique, Océanie).* 1 vol. avec 60 gravures.

Cortambert et Deslys : *Le pays du soleil.* 1 vol. avec 35 gravures.

Daudet (E.) : *Robert Darnetal.* 1 vol. avec 81 grav. d'après Sahib.

Demoulin (Mᵐᵉ G.) : *Les animaux étranges.* 1 vol. avec 172 gravures.

— *Les gens de bien.* 1 vol. avec 32 gravures d'après Gilbert.

— *Les maisons des bêtes.* 1 vol. avec 70 gravures.

Deslys (Ch.) : *Courage et dévouement. Histoire de trois jeunes filles.* 1 vol. avec 31 gravures d'après Lix et Gilbert.

— *L'Ami François.* 1 vol. avec 35 gr.

— *Nos Alpes,* avec 39 gravures d'après J. David.

— *La mère aux chats.* 1 vol. avec 50 gravures d'après H. David.

Énault (L.) : *Le chien du capitaine.* 1 vol. avec 43 gravures d'après E. Riou.

Erwin (Mᵐᵉ E. d') : *Heur et malheur.* 1 vol. avec 0 gravures d'après H. Castelli.

Fath (G.) : *Le Paris des enfants.* 1 vol. avec 60 gravures d'après l'auteur.

Flouriot (Mˡˡᵉ Z.) : *M. Nostradamus.* 1 vol. avec 30 gravures d'après A. Marie.

— *La petite duchesse.* 1 vol. avec 73 gravures d'après A. Marie.

— *Grandcœur.* 1 vol. avec 45 gravures d'après G. Delort.

— *Raoul Daubry, chef de famille.* 1 vol. avec 32 gravures d'après G. Delort.

— *Mandarine.* 1 vol. avec 95 gravures d'après G. Delort.

— *Cadok.* 1 vol. avec 21 gravures d'après G. Gilbert.

— *Céline.* 1 vol. avec 102 grav. d'après G. Fraipont.

— *Feu et flamme.* 1 vol. avec 80 gravures d'après Tofani.

— *Le clan des têtes chaudes.* 1 vol. illustré de 65 gravures d'après Myrbach.

— *Au Galadoc.* 1 vol. illustré de 60 gravures d'après Zier.

Girardin (J.) : *Les braves gens.* 1 vol. avec 115 gravures d'après E. Bayard.

Ouvrage couronné par l'Académie française.

— *Nous autres.* 1 vol. avec 182 gravures d'après E. Bayard.

— *Fausse route.* 1 vol. avec 55 grav. d'après H. Castelli.

— *La toute petite.* 1 vol. avec 128 gravures d'après E. Bayard.

— *L'oncle Placide.* 1 vol. avec 139 gravures d'après A. Marie.

— *Le neveu de l'oncle Placide.* 3 vol. illustrés de 367 gravures d'après A. Marie, qui se vendent séparément.

— *Le neveu de l'oncle Placide.*

— *Grand-père.* 1 vol. avec 91 gravures d'après G. Delort.

Ouvrage couronné par l'Académie française.

Girardin (J.) : *Maman.* 1 vol. avec 112 gravures d'après Tofani.

— *Le roman d'un cancre.* 1 vol. avec 110 gravures d'après Tofani.

— *Les millions de la tante Zézé.* 1 vol. avec 112 grav. d'après Tofani.

— *La famille Gaudry.* 1 vol. avec 112 gravures d'après Tofani.

— *Histoire d'un Berrichon.* 1 vol. avec 112 gravures d'après Tofani.

— *Le capitaine Bassinoire.* 1 vol. illustré de 119 gravures d'après Tofani.

— *Second violon.* 1 vol. illustré de 112 gravures d'après Tofani.

Giron (Aimé) : *Les trois rois mages.* 1 vol. illustré de 60 gravures d'après Fraipont et Pranishnikoff.

Gouraud (Mme J.) : *Cousine Marie.* 1 vol. avec 36 gravures d'après A. Marie.

Hayes (le D^r) : *Perdus dans les glaces*, traduit de l'anglais, par L. Renard. 1 vol. avec 58 gravures d'après Crépon, etc.

Henty (C.) : *Les jeunes francs-tireurs*, traduit de l'anglais, par Mme Rousseau. 1 vol. avec 20 gravures d'après Janet-Lange.

Kingston (W.) : *Une croisière autour du monde*, traduit de l'anglais par J. Belin de Launay. 1 vol. avec 44 gravures d'après Riou.

Nanteuil (Mme P. de) : *Capitaine.* 1 vol. illustré de 72 gravures d'après Myrbach.

Paulian (L.) : *La hotte du chiffonnier.* 1 vol. avec 47 gravures d'après J. Férat.

Rousselet (L.) : *Le charmeur de serpents.* 1 vol. avec 68 gravures d'après A. Marie.

— *Le fils du connétable.* 1 vol. avec 113 gravures d'après Pranishnikoff.

— *Les deux mousses.* 1 vol. avec 90 gravures d'après Sahib.

Rousselet (L.) : *Le tambour du Royal-Auvergne.* 1 vol. avec 115 gravures d'après Poirson.

— *La peau du tigre.* 1 vol. avec 102 gravures d'après Bellecroix et Tofani.

Saintine : *La nature et ses trois règnes, ou la mère Gigogne et ses trois filles.* 1 vol. avec 171 gravures d'après Foulquier et Faguet.

— *La mythologie du Rhin et les contes de la mère-grand.* 1 vol. avec 100 gravures d'après G. Doré.

Stanley (H.) : *La terre de servitude*, traduit de l'anglais par Levoisin. 1 vol. avec 21 gravures d'après P. Philippoteaux.

Tissot et Améro : *Aventures de trois fugitifs en Sibérie.* 1 vol. avec 72 gravures d'après Pranishnikoff.

Tom Brown, scènes de la vie de collège en Angleterre. Imité de l'anglais par J. Girardin. 1 vol. avec 69 grav. d'après G. Durand.

Witt (Mme de), née Guizot : *Scènes historiques.* 1re série. 1 vol. avec 18 gravures d'après E. Bayard.

— *Scènes historiques.* 2e série. 1 vol. avec 28 gravures d'après A. Marie.

— *Lutin et démon.* 1 vol. avec 36 gravures d'après Pranishnikoff et E. Zier.

— *Normands et Normandes.* 1 vol. avec 70 gravures d'après E. Zier.

— *Un jardin suspendu.* 1 vol. avec 39 gravures d'après C. Gilbert.

— *Notre-Dame Guesclin.* 1 vol. avec 70 gravures d'après E. Zier.

— *Une sœur.* 1 vol. avec 65 gravures d'après E. Bayard.

— *Légendes et récits pour la jeunesse.* 1 vol. avec 18 gravures d'après Philippoteaux.

— *Un nid.* 1 vol. avec 63 gravures d'après Ferdinandus.

— *Un patriote au quatorzième siècle.* 1 vol. illustré de gravures d'après E. Zier.

BIBLIOTHÈQUE DES PETITS ENFANTS
DE 4 A 8 ANS

FORMAT GRAND IN-16
CHAQUE VOLUME, BROCHÉ, 2 FR. 25
CARTONNÉ EN PERCALINE BLEUE, TRANCHES DORÉES, 3 FR. 50
Ces volumes sont imprimés en gros caractères.

Cheron de la Bruyère (Mme) : *Contes à Pépée.* 1 vol. avec 24 gravures d'après Grivaz.
— *Plaisirs et aventures.* 1 vol. avec 30 gravures d'après Jeanniot.
— *La perruque du grand-père.* 1 vol. illustré de 30 gravures, d'après Tofani.
— *Les enfants de Boisfleuri.* 1 vol. illustré de 30 gravures d'après Semechini.

Colomb (Mme) : *Les infortunes de Chouchou.* 1 vol. avec 48 gravures d'après Riou.

Desgranges (Guillemette) : *Le chemin du collège.* 1 vol. illustré de 30 gravures d'après Tofani.

Duporteau (Mme) : *Petits récits.* 1 vol. avec 28 gravures d'après Tofani.

Erwin (Mme E. d') : *Un été à la campagne.* 1 vol. avec 39 gravures d'après Sahib.

Franck (Mme E.) : *Causeries d'une grand'mère.* 1 vol. avec 72 gravures d'après C. Delort.

Fresneau (Mme), née de Ségur : *Une année du petit Joseph.* Imité de l'anglais. 1 vol. avec 67 gravures d'après Jeanniot.

Girardin (J.) : *Quand j'étais petit garçon.* 1 vol. avec 52 gravures d'après Ferdinandus.
— *Dans notre classe.* 1 vol. avec 26 gravures d'après Jeanniot.

Le Roy (Mme F.) : *L'aventure de Petit Paul.* 1 vol. illustré de 45 gravures, d'après Ferdinandus.

Molesworth (Mrs) : *Les aventures de M. Baby,* traduit de l'anglais par Mme de Witt. 1 vol. avec 12 gravures d'après W. Crane.

Pape-Carpantier (Mme) : *Nouvelles histoires et leçons de choses.* 1 vol. avec 42 gravures d'après Semechini.

Surville (André) : *Les grandes vacances.* 1 vol. avec 30 gravures d'après Semechini.
— *Les amis de Berthe.* 1 vol. avec 30 gravures d'après Ferdinandus.
— *La petite Gironnette.* 1 vol. illustré de 34 gravures d'après Grigny.
— *Fleur des champs.* 1 vol. illustré de 32 gravures d'après Zier.

Witt (Mme de), née Guizot : *Histoire de deux petits frères.* 1 vol. avec 45 grav. d'après Tofani.
— *Sur la plage.* 1 vol. avec 55 gravures, d'après Ferdinandus.
— *Par monts et par vaux.* 1 vol. avec 54 grav. d'après Ferdinandus.
— *Vieux amis.* 1 vol. avec 60 gravures d'après Ferdinandus.
— *En pleins champs.* 1 vol. avec 45 gravures d'après Gilbert.
— *Petite.* 1 vol. avec 56 gravures d'après Tofani.
— *A la montagne.* 1 vol. illustré de 5 gravures d'après Ferdinandus.
— *Deux tout petits.* 1 vol. illustré de 32 gravures d'après Ferdinandus.

BIBLIOTHÈQUE ROSE ILLUSTRÉE

FORMAT IN-16

CHAQUE VOLUME, BROCHÉ, 2 FR. 25

CARTONNÉ EN PERCALINE ROUGE, TRANCHES DORÉES, 3 FR. 50

Ire SÉRIE, POUR LES ENFANTS DE 4 A 8 ANS

Anonyme : *Chien et chat*, traduit de l'anglais. 1 vol. avec 45 gravures d'après E. Bayard.
— *Douze histoires pour les enfants de quatre à huit ans*, par une mère de famille. 1 vol. avec 8 gravures d'après Bertall.
— *Les enfants d'aujourd'hui*, par le même auteur. 1 vol. avec 40 gravures d'après Bertall.

Carraud (Mme) : *Historiettes véritables*, pour les enfants de quatre à huit ans. 1 vol. avec 94 gravures d'après G. Fath.

Fath (G.) : *La sagesse des enfants*, proverbes. 1 vol. avec 100 gravures d'après l'auteur.

Laroque (Mme) : *Grands et petits*. 1 vol. avec 61 gravures d'après Bertall.

Marcel (Mme J.) : *Histoire d'un cheval de bois*. 1 vol. avec 20 gravures d'après E. Bayard.

Pape-Carpantier (Mme : *Histoire et leçons de choses pour les enfants*. 1 vol. avec 85 gravures d'après Bertall.
Ouvrage couronné par l'Académie française.

Perrault, MM^{mes} d'Aulnoy et Leprince de Beaumont : *Contes de fées*. 1 vol. avec 65 gravures d'après Bertall et Forest.

Porchat (J.) : *Contes merveilleux*. 1 vol. avec 21 gravures d'après Bertall.

Schmid (le chanoine) : *190 contes pour les enfants*, traduit de l'allemand par André Van Hasselt. 1 vol. avec 29 gravures d'après Bertall.

Ségur (Mme la comtesse de) : *Nouveaux contes de fées*. 1 vol. avec 46 gravures d'après Gustave Doré et H. Didier.

IIe SÉRIE, POUR LES ENFANTS DE 8 A 14 ANS

Achard (A.) : *Histoire de mes amis*. 1 vol. avec 25 gravures d'après Bellecroix.

Alcott (Miss) : *Sous les lilas*, traduit de l'anglais par Mme S. Lepage. 1 vol. avec 23 gravures.

Andersen : *Contes choisis*, traduits du danois par Soldi. 1 vol. avec 40 gravures d'après Bertall.

Anonyme : *Les fêtes d'enfants*, scènes et dialogues. 1 vol. avec 41 gravures d'après Foulquier.

Assollant (A.). *Les aventures merveilleuses mais authentiques du capitaine Corcoran*. 2 vol. avec 50 gravures, d'après A. de Neuville.

Barrau (Th.) : *Amour filial*. 1 vol. avec 41 gravures d'après Ferogio.

Bawr (Mme de) : *Nouveaux contes*. 1 vol. avec 40 gravures d'après Bertall.
> Ouvrage couronné par l'Académie française.

Bolozo : *Jeux des adolescents*. 1 vol. avec 140 gravures.

Berquin : *Choix de petits drames et de contes*. 1 vol. avec 36 gravures d'après Foulquier, etc.

Berthet (E.) : *L'enfant des bois*. 1 vol. avec 64 gravures.

Blanchère (De la) : *Les aventures de la Ramée*. 1 vol. avec 36 gravures d'après E. Forest.
— *Oncle Tobie le pêcheur*. 1 vol. avec 80 gravures d'après Foulquier et Mesnel.

Boiteau (P.) : *Légendes recueillies ou composées pour les enfants*. 1 vol. avec 42 gravures d'après Bertall.

Carpentier (Mlle E.) : *La maison du bon Dieu*. 1 vol. avec 58 gravures d'après Riou.
— *Sauvons-le !* 1 vol. avec 60 gravures d'après Riou.
— *Le secret du docteur, ou la maison fermée*. 1 vol. avec 43 gravures d'après P. Girardet.
— *La tour du preux*. 1 vol. avec 59 gravures d'après Tofani.
— *Pierre le Tors*. 1 vol. avec 64 gravures d'après Zier.

Carraud (Mme Z.) : *La petite Jeanne, ou le devoir*. 1 vol. avec 24 gravures d'après Forest.
> Ouvrage couronné par l'Académie française.

Carraud (Mme Z.) : *Les goûters de la grand'mère*. 1 vol. avec 18 gravures d'après E. Bayard.
— *Les métamorphoses d'une goutte d'eau*. 1 vol. avec 50 gravures d'après E. Bayard.

Castillon (A.) : *Les récréations physiques*. 1 vol. avec 36 gravures d'après Castelli.
— *Les récréations chimiques*, faisant suite au précédent. 1 vol. avec 34 gravures d'après H. Castelli.

Cazin (Mme J.) : *Les petits montagnards*. 1 vol. avec 51 gravures d'après G. Vuillier.
— *Un drame dans la montagne*. 1 vol. avec 33 grav. d'après G. Vuillier.
— *Histoire d'un pauvre petit*. 1 vol. avec 40 gravures d'après Tofani.
— *L'enfant des Alpes*. 1 vol. avec 33 gravures d'après Tofani.
— *Perlette*. 1 vol. illustré de 54 gravures d'après Myrbach.
— *Les saltimbanques*. 1 vol. avec 66 gravures d'après Girardet.

Chabreul (Mme de) : *Jeux et exercices des jeunes filles*. 1 vol. avec 62 gravures d'après Fath, et la musique des rondes.

Colet (Mme L.) : *Enfances célèbres*. 1 vol. avec 57 grav. d'après Foulquier.

Contes anglais, traduits par Mme de Witt. 1 vol. avec 43 gravures d'après Morin.

Deslys (Ch.) : *Grand'maman*. 1 vol. avec 29 gravures d'après E. Zier.

Edgeworth (Miss : *Contes de l'adolescence*, traduits par A. Le François. 1 vol. avec 42 gravures d'après Morin.
— *Contes de l'enfance*, traduits par le même. 1 vol. avec 26 gravures d'après Foulquier.

Edgeworth (Miss) : *Demain*, suivi de *Mourad le malheureux*, contes traduits par H. Jousselin. 1 vol. avec 55 gravures d'après Bertall.

Fath (G.) : *Bernard, la gloire de son village*. 1 vol. avec 56 gravures d'après Mme G. Fath.

Fénelon : *Fables*. 1 vol. avec 29 grav. d'après Forest et É. Bayard.

Fleuriot (Mlle) : *Le petit chef de famille*. 1 vol. avec 57 gravures d'après H. Castelli.
— *Plus tard, ou le jeune chef de famille*. 1 vol. avec 60 gravures d'après É. Bayard.
— *L'enfant gâté*. 1 vol. avec 48 gravures d'après Ferdinandus.
— *Tranquille et Tourbillon*. 1 vol. avec 45 grav. d'après C. Delort.
— *Cadette*. 1 vol. avec 52 gravures d'après Tofani.
— *En congé*. 1 vol. avec 61 gravures d'après Ad. Marie.
— *Bigarette*. 1 vol. avec 48 gravures d'après Ad. Marie.
— *Bouche-en-Cœur*. 1 vol. avec 45 gravures d'après Tofani.
— *Gildas l'intraitable*, 1 vol. avec 56 gravures d'après E. Zier.
— *Parisiens et Montagnards*. 1 vol. avec 49 gravures d'après E. Zier.

Foë (de) : *La vie et les aventures de Robinson Crusoé*, traduites de l'anglais. 1 vol. avec 40 gravures.

Fonvielle (W. de) : *Néridah*. 2 vol. avec 45 gravures d'après Sahib.

Fresneau (Mme), née de Ségur : *Comme les grands!* 1 vol. illustré de 40 gravures d'après Ed. Zier.

Genlis (Mme de) : *Contes moraux*. 1 vol. avec 40 gravures d'après Foulquier, etc.

Gérard (A.) : *Petite Rose. — Grande Jeanne*. 1 vol. avec 28 gravures d'après Gilbert.

Girardin (J.) : *La disparition du grand Krause*. 1 vol. avec 70 gravures d'après Kauffmann.

Girou (A.) : *Ces pauvres petits*. 1 vol. avec 22 gravures d'après B. Nouvel.

Gouraud (Mlle J.) : *Les enfants de la ferme*. 1 vol. avec 59 grav. d'après É. Bayard.
— *Le livre de maman*. 1 vol. avec 68 grav. d'après É. Bayard.
— *Cécile, ou la petite sœur*. 1 vol. avec 26 grav. d'après Desandré.
— *Lettres de deux poupées*. 1 vol. avec 59 gravures d'après Olivier.
— *Le petit colporteur*. 1 vol. avec 27 grav. d'après A. de Neuville.
— *Les mémoires d'un petit garçon*. 1 vol. avec 86 gravures d'après É. Bayard.
— *Les mémoires d'un caniche*. 1 vol. avec 75 gravures d'après É. Bayard.
— *L'enfant du guide*. 1 vol. avec 60 gravures d'après É. Bayard.
— *Petite et grande*. 1 vol. avec 48 gravures d'après É. Bayard.
— *Les quatre pièces d'or*. 1 vol. avec 54 gravures d'après É. Bayard.
— *Les deux enfants de Saint-Domingue*. 1 vol. avec 54 gravures d'après É. Bayard.
— *La petite maîtresse de maison*. 1 vol. avec 37 grav. d'après Marie.
— *Les filles du professeur*. 1 vol. avec 36 grav. d'après Kauffmann.
— *La famille Harel*. 1 vol. avec 44 gravures d'après Valnay.
— *Aller et retour*. 1 vol. avec 40 gravures d'après Ferdinandus.
— *Les petits voisins*. 1 vol. avec 39 gravures d'après C. Gilbert.
— *Chez grand-mère*. 1 vol. avec 98 gravures d'après Tofani.
— *Le petit bonhomme*. 1 vol. avec 45 grav. d'après A. Ferdinandus.

Gouraud (Mme J.) : *Le vieux château*. 1 vol. avec 28 gravures d'après E. Zier.
— *Pierrot*. 1 vol. avec 31 gravures d'après E. Zier.
— *Minette*. 1 vol. illustré de 53 gravures d'après TOFANI.
— *Quand je serai grande!* 1 vol. avec 60 gravures d'après Ferdinandus.

Grimm (les frères) : *Contes choisis*, traduits par Ferd. Baudry. 1 vol. avec 40 gravures d'après Bertall.

Hauff : *La caravane*, traduit par A. Talon. 1 vol. avec 40 gravures d'après Bertall.
— *L'auberge du Spessart*, traduit par A. Talon. 1 vol. avec 61 gravures d'après Bertall.

Hawthorne : *Le livre des merveilles*, traduit de l'anglais par L. Rabillon. 2 vol. avec 40 gravures d'après Bertall.

Hébel et Karl Simrock : *Contes allemands*, traduits par M. Martin. 1 vol. avec 27 grav. d'après Bertall.

Johnson (R. B.) : *Dans l'extrême Far West*, traduit de l'anglais par A. Talandier. 1 vol. avec 20 gravures d'après A. Marie.

Marcel (Mme J.) : *L'école buissonnière*. 1 vol. avec 20 gravures d'après A. Marie.
— *Le bon frère*. 1 vol. avec 21 gravures d'après É. Bayard.
— *Les petits vagabonds*. 1 vol. avec 25 gravures d'après É. Bayard.
— *Histoire d'une grand'mère et de son petit-fils*. 1 vol. avec 36 gravures d'après C. Delort.
— *Daniel*. 1 vol. avec 45 gravures d'après Gilbert.
— *Le frère et la sœur*. 1 vol. avec 45 gravures d'après E. Zier.
— *Un bon gros pataud*. 1 vol. avec 45 gravures d'après Jeanniot.

Maréchal (Mme M.) : *La dette de Ben-Aïssa*. 1 vol. avec 20 gravures d'après Bertall.
— *Nos petits camarades*. 1 vol. avec 18 gravures d'après E. Bayard et H. Castelli, etc.
— *La maison modèle*. 1 vol. avec 42 gravures d'après Sahib.

Marmior (X.) : *L'arbre de Noël*. 1 vol. avec 68 grav. d'après Bertall.

Martignat (Mme de) : *Les vacances d'Élisabeth*. 1 vol. avec 36 gravures d'après Kauffmann.
— *L'oncle Boni*. 1 vol. avec 42 gravures d'après Gilbert.
— *Ginette*. 1 vol. avec 50 gravures d'après Tofani.
— *Le manoir d'Yolan*. 1 vol. avec 56 gravures d'après Tofani.
— *Le pupille du général*. 1 vol. avec 40 gravures d'après Tofani.
— *L'héritière de Maurivèse*. 1 vol. avec 39 grav. d'après Poirson.
— *Une vaillante enfant*. 1 vol. avec 43 gravures par Tofani.
— *Une petite-nièce d'Amérique*. 1 vol. avec 43 gravures d'après Tofani.
— *La petite fille du vieux Thémy*. 1 vol. illustré de 42 gravures d'après TOFANI.

Mayne-Reid (le capitaine) : *Les chasseurs de girafes*, traduit de l'anglais par H. Vattemare. 1 vol. avec 10 grav. d'après A. de Neuville.
— *A fond de cale*, traduit par Mme H. Loreau. 1 vol. avec 12 gravures.
— *A la mer!* traduit par Mme H. Loreau. 1 vol. avec 12 gravures.
— *Bruin, ou les chasseurs d'ours*, traduit par A. Letellier. 1 vol. avec 8 grandes gravures.
— *Les chasseurs de plantes*, traduit par Mme H. Loreau. 1 vol. avec 29 gravures.

Mayne-Reid (le capitaine) : *Les exilés dans la forêt*, traduit par Mᵐᵉ H. Loreau. 1 vol. avec 42 gravures.
— *L'habitation du désert*, traduit par A. Le François. 1 vol. avec 21 gravures.
— *Les grimpeurs de rochers*, traduits par Mᵐᵉ H. Loreau. 1 vol. avec 20 gravures.
— *Les peuples étranges*, traduits par Mᵐᵉ H. Loreau. 1 vol. avec 24 gravures.
— *Les vacances des jeunes Boërs*, traduites par Mᵐᵉ H. Loreau. 1 vol. avec 42 gravures.
— *Les veillées de chasse*, traduites par H.-B. Révoil. 1 vol. avec 43 gravures d'après Freeman.
— *La chasse au Léviathan*, traduite par J. Girardin. 1 vol. avec 51 gravures d'après A. Ferdinandus et Th. Weber.
— *Les naufragés de la Calypso*. 1 vol. traduit par Mᵐᵉ GUSTAVE DEMOULIN et illustré de 55 gravures d'après PRANISHNIKOFF.

Muller (E.) : *Robinsonnette*. 1 vol. avec 22 gravures d'après Lix.

Ouida : *Le petit comte*. 1 vol. avec 34 gravures d'après G. Vuillier, Tofani, etc.

Peyronny (Mᵐᵉ de), née d'Isle : *Deux cœurs dévoués*. 1 vol. avec 53 gravures d'après J. Devaux.

Pitray (Mᵐᵉ de) : *Les enfants des Tuileries*. 1 vol. avec 29 gravures d'après É. Bayard.
— *Les débuts du gros Philéas*. 1 vol. avec 57 grav. d'après H. Castelli.
— *Le château de la Pétaudière*. 1 vol. avec 78 grav. d'après A. Marie.
— *Le fils du maquignon*. 1 vol. avec 65 gravures d'après Riou.
— *Petit monstre et poule mouillée*. 1 vol. avec 66 grav. par E. Girardet.

Rendu (V.) : *Mœurs pittoresques des insectes*. 1 vol. avec 49 grav.

Rostoptchine (Mᵐᵉ la comtesse) : *Belle, Sage et Bonne*. 1 vol. avec 90 gravures d'après Ferdinandus.

Sandras (Mᵐᵉ) : *Mémoires d'un lapin blanc*. 1 vol. avec 20 gravures d'après É. Bayard.

Sannois (Mᵐᵉ la comtesse de) : *Les soirées à la maison*. 1 vol. avec 42 gravures d'après É. Bayard.

Ségur (Mᵐᵉ la comtesse de) : *Après la pluie, le beau temps*. 1 vol. avec 128 grav. d'après É. Bayard.
— *Comédies et proverbes*. 1 vol. avec 60 gravures d'après É. Bayard.
— *Diloy le chemineau*. 1 vol. avec 60 gravures d'après H. Castelli.
— *François le bossu*. 1 vol. avec 114 gravures d'après É. Bayard.
— *Jean qui grogne et Jean qui rit*. 1 vol. avec 70 grav. d'après Castelli.
— *La fortune de Gaspard*. 1 vol. avec 52 gravures d'après Gorlier.
— *La sœur de Gribouille*. 1 vol. avec 72 grav. d'après H. Castelli.
— *Pauvre Blaise!* 1 vol. avec 65 gravures d'après H. Castelli.
— *Quel amour d'enfant!* 1 vol. avec 70 gravures d'après É. Bayard.
— *Un bon petit diable*. 1 vol. avec 100 gravures d'après H. Castelli.
— *Le mauvais génie*. 1 vol. avec 90 gravures d'après É. Bayard.
— *L'auberge de l'ange gardien*. 1 vol. avec 75 grav. d'après Foulquier.
— *Le général Dourakine*. 1 vol. avec 100 gravures d'après É. Bayard.
— *Les bons enfants*. 1 vol. avec 70 gravures d'après Ferogio.
— *Les deux nigauds*. 1 vol. avec 76 gravures d'après H. Castelli.
— *Les malheurs de Sophie*. 1 vol. avec 48 grav. d'après H. Castelli.

Ségur (Mme la comtesse de) : *Les petites filles modèles.* 1 vol. avec 21 gravures d'après Bertall.

— *Les vacances.* 1 vol. avec 30 gravures d'après Bertall.

— *Mémoires d'un âne.* 1 vol. avec 75 grav. d'après H. Castelli.

Stolz (Mme de) : *La maison roulante.* 1 vol. avec 20 grav. sur bois d'après É. Bayard.

— *Le trésor de Nanette.* 1 vol. avec 24 gravures d'après É. Bayard.

— *Blanche et noire.* 1 vol. avec 54 gravures d'après É. Bayard.

— *Par-dessus la haie.* 1 vol. avec 50 gravures d'après A. Marie.

— *Les poches de mon oncle.* 1 vol. avec 20 gravures d'après Bertall.

— *Les vacances d'un grand-père.* 1 vol. avec 40 gravures d'après G. Delafosse.

— *Quatorze jours de bonheur.* 1 vol. avec 45 gravures d'après Bertall.

— *Le vieux de la forêt.* 1 vol. avec 32 gravures d'après Sahib.

— *Le secret de Laurent.* 1 vol. avec 32 gravures d'après Sahib.

— *Les deux reines.* 1 vol. avec 32 gravures d'après Delort.

— *Les mésaventures de Mlle Thérèse.* 1 vol. avec 20 grav. d'après Charles.

— *Les frères de lait.* 1 vol. avec 42 gravures d'après E. Zier.

Stolz (Mme de) : *Magali.* 1 vol. avec 30 gravures d'après Tofani.

— *La maison blanche.* 1 vol. avec 35 gravures d'après Tofani.

— *Les deux André.* 1 vol. avec 45 gravures d'après Tofani.

— *Deux tantes.* 1 vol. avec 49 gravures d'après Tofani.

— *Violence et bonté.* 1 vol. avec 30 gravures par Tofani.

Swift : *Voyages de Gulliver*, traduits et abrégés à l'usage des enfants. 1 vol. avec 57 gravures d'après Delafosse.

Taulier : *Les deux petits Robinsons de la Grande-Chartreuse.* 1 vol. avec 69 gravures d'après É. Bayard et Hubert Clergot.

Tournier : *Les premiers chants, poésies à l'usage de la jeunesse.* 1 vol. avec 20 gravures d'après Gustave Roux.

Vimont (Ch.) : *Histoire d'un navire.* 1 vol. avec 40 gravures d'après Alex. Vimont.

Witt (Mme de), née Guizot : *Enfants et parents.* 1 vol. avec 34 gravures d'après A. de Neuville.

— *La petite-fille aux grand'mères.* 1 vol. avec 36 grav. d'après Beau.

— *En quarantaine.* 1 vol. avec 48 gravures d'après Ferdinandus.

IIIe SÉRIE. POUR LES ENFANTS ADOLESCENTS

ET POUVANT FORMER UNE BIBLIOTHÈQUE POUR LES JEUNES FILLES DE 14 A 18 ANS

VOYAGES

Agassiz (M. et Mme) : *Voyage au Brésil*, traduits et abrégés par J. Belin de Launay. 1 vol. avec 16 gravures et 1 carte.

Aunet (Mme d') : *Voyage d'une femme au Spitzberg.* 1 vol. avec 34 gravures.

Baines : *Voyages dans le sud-ouest de l'Afrique*, traduits et abrégés par J. Belin de Launay. 1 vol. avec 22 gravures et 1 carte.

Baker: *Le lac Albert N'yanza, Nouveau voyage aux sources du Nil*, abrégé par Belin de Launay. 1 vol. avec 16 gravures et 1 carte.

Baldwin : *Du Natal au Zambèse (1861-1865). Récits de chasses*, abrégés par J. Belin de Launay. 1 vol. avec 24 gravures et 1 carte.

Burton (le capitaine) : *Voyages à la Mecque, aux grands lacs d'Afrique et chez les Mormons*, abrégés par J. Belin de Launay. 1 vol. avec 12 gravures et 3 cartes.

Catlin : *La vie chez les Indiens*, traduit de l'anglais. vol. avec 25 gravures.

Fonvielle (W. de) : *Le glaçon du Polaris, aventures du capitaine Tyson*. 1 vol. avec 10 gravures et 1 carte.

Hayes (Dr) : *La mer libre du pôle*, traduit par F. de Lanoye, et abrégé par J. Belin de Launay. 1 vol. avec 16 gravures et 1 carte.

Hervé et de **Lanoye** : *Voyages dans les glaces du pôle arctique*. 1 vol. avec 40 gravures.

Lanoye (F. de) : *Le Nil et ses sources*. 1 vol. avec 32 gravures et des cartes.

— *La Sibérie*, 1 vol. avec 48 gravures d'après Lebreton, etc.

— *Les grandes scènes de la nature*. 1 vol. avec 40 gravures.

— *La mer polaire, voyage de l'Érèbe et de la Terreur, et expédition à la recherche de Franklin*. 1 vol. avec 29 gravures et des cartes.

— *Ramsès le Grand, ou l'Égypte il y a trois mille trois cents ans*. 1 vol. avec 39 gravures d'après Lancelot, É. Bayard, etc.

Livingstone : *Explorations dans l'Afrique australe*, abrégées par J. Belin de Launay. 1 vol. avec 20 gravures et 1 carte.

Livingstone : *Dernier journal* abrégé par J. Belin de Launay. 1 vol. avec 16 gravures et 1 carte.

Mage (L.) : *Voyage dans le Soudan occidental*, abrégé par J. Belin de Launay. 1 vol. avec 16 gravures et 1 carte.

Milton et **Cheadle** : *Voyage de l'Atlantique au Pacifique*, traduit et abrégé par J. Belin de Launay. 1 vol. avec 16 gravures et 2 cartes.

Mouhot (Ch.) : *Voyage dans le royaume de Siam, le Cambodge et le Laos*. 1 vol. avec 29 gravures et 1 carte.

Palgrave (W. G.) : *Une année dans l'Arabie centrale*, traduite et abrégée par J. Belin de Launay. 1 vol. avec 12 gravures, 1 portrait et 1 carte.

Pfeiffer (Mme) : *Voyages autour du monde*, abrégés par J. Belin de Launay. 1 vol. avec 16 gravures et 1 carte.

Piotrowski : *Souvenirs d'un Sibérien*. 1 vol. avec 10 gravures d'après A. Marie.

Schweinfurth (Dr) : *Au cœur de l'Afrique (1868-1871)*. Traduit par Mme H. Loreau, et abrégé par J. Belin de Launay. 1 vol. avec 16 gravures et 1 carte.

Speke : *Les sources du Nil*, édition abrégée par J. Belin de Launay. 1 vol. avec 24 gravures et 3 cartes.

Stanley : *Comment j'ai retrouvé Livingstone*, traduit par Mme Loreau, et abrégé par J. Belin de Launay. 1 vol. avec 16 gravures et 1 carte.

Vambéry : *Voyages d'un faux derviche dans l'Asie centrale*, traduits par E. D. Forgues, et abrégés par J. Belin de Launay. 1 vol. avec 18 gravures et une carte.

HISTOIRE

Le loyal serviteur : *Histoire du gentil seigneur de Bayard*, revue et abrégée, à l'usage de la Jeunesse, par Alph. Feillet. 1 vol. avec 30 gravures d'après P. Sellier.

Monnier (M.) : *Pompéi et les Pompéiens*. Édition à l'usage de la jeunesse. 1 vol. avec 25 gravures d'après Thorond.

Plutarque : *Vie des Grecs illustres*, édition abrégée par A. Feillet. 1 vol. avec 53 gravures d'après P. Sellier.

— *Vie des Romains illustres*, édition abrégée par A. Feillet. 1 vol. avec 60 gravures d'après P. Sellier.

Retz (Le cardinal de) : *Mémoires abrégés*, par A. Feillet. 1 vol. avec 35 gravures d'après Gilbert, etc.

LITTÉRATURE

Bernardin de Saint-Pierre : *Œuvres choisies*. 1 vol. avec 12 gravures d'après É. Bayard.

Cervantès : *Don Quichotte de la Manche*. 1 vol. avec 64 gravures d'après Bertall et Forest.

Homère : *l'Iliade et l'Odyssée*, traduites par P. Giguet et abrégées par Alph. Feillet. 1 vol. avec 33 gravures d'après Ollivier.

Le Sage : *Aventures de Gil Blas*, édition destinée à l'adolescence. 1 vol. avec 50 gravures d'après Leroux.

Mac-Intosch (Miss) : *Contes américains*, traduits par Mᵐᵉ Dionis. 2 vol. avec 50 gravures d'après É. Bayard.

Maistre (X. de) : *Œuvres choisies*. 1 vol. avec 15 gravures d'après É. Bayard.

Molière : *Œuvres choisies*, abrégées à l'usage de la jeunesse. 2 vol. avec 22 gravures d'après Hillemacher.

Virgile : *Œuvres choisies*, traduites et abrégées à l'usage de la jeunesse, par Th. Barrau. 1 vol. avec 20 gravures d'après P. Sellier.

ATLAS MANUEL
DE GÉOGRAPHIE MODERNE

Contenant 54 cartes imprimées en couleurs
Un volume in-folio relié en demi-chagrin......... **32 fr.**

ATLAS
DE
GÉOGRAPHIE MODERNE
PAR E. CORTAMBERT

Contenant 66 cartes in-4° imprimées en couleurs

NOUVELLE ÉDITION COMPLÈTEMENT REFONDUE

Sous la direction de plusieurs géographes & professeurs
Un volume cartonné en percaline, **12 fr.**

NOUVEL ATLAS
DE
GÉOGRAPHIE
ANCIENNE, DU MOYEN AGE & MODERNE
PAR E. CORTAMBERT

Contenant 100 cartes in-4° imprimées en couleurs

NOUVELLE ÉDITION ENTIÈREMENT REFONDUE

Avec la collaboration d'une Société de géographes et de professeurs
Un volume cartonné en percaline, **16 fr.**

www.ingramcontent.com/pod-product-compliance
Lightning Source LLC
Chambersburg PA
CBHW050748170426
43202CB00013B/2347